Michaela Liepold, Wolfram Ziegler,
Bettina Brendel

Hierarchische Wortlisten

Ein Nachsprechtest für die Sprechapraxiediagnostik

EKN – Materialien für die Rehabilitation 13

Michaela Liepold, Wolfram Ziegler,
Bettina Brendel

Hierarchische Wortlisten

Ein Nachsprechtest für die Sprechapraxiediagnostik

borgmann

Edition: borgmann publishing

2., verb. Aufl. 2003
Gesamtherstellung: Löer Druck GmbH, Dortmund

Bestell-Nr. 8546 ISBN 3-86145-259-6

Inhalt

Vorwort

Die Sprechapraxie ist ein Störungsbild, das bei neurologischen Erkrankungen, vor allem bei Patienten mit Schlaganfall, häufig auftritt. Die Symptome der Sprechapraxie sind dabei meist mit aphasischen, oft auch mit dysarthrischen Störungen verbunden. In der Rehabilitation von Patienten mit Schlaganfall stellt die Behandlung dieser Störung ein relevantes und oft hartnäckiges Problem dar. Für eine gezielte Therapieplanung ist es erforderlich, das Vorliegen einer Sprechapraxie zu erkennen, den Schweregrad der Störung zu bestimmen und das Störungsmuster näher zu beschreiben und gegenüber anderen Störungsbildern abzugrenzen.

Sprachtherapeuten verfügen zwar über ein breites Erfahrungswissen, was die Methoden der Behandlung sprechapraktischer Patienten betrifft, aber es gibt kaum Instrumente, das Syndrom zu diagnostizieren oder Behandlungerfolge zu messen. Im deutschsprachigen Raum existiert bisher kein einheitliches Prüfverfahren. Sprachtherapeuten in den Kliniken und Praxen behelfen sich daher zumeist mit Spontansprachanalysen nach den in der Literatur beschriebenen Kriterien oder mit selbst zusammengestellten oder aus zweiter Hand übernommenen provisorischen Aufgabensammlungen. Sprechmotorische Schwierigkeitshierarchien werden dabei selten systematisch mit einbezogen und die Befundungskriterien entsprechen keinem einheitlichen Standard.

Der vorliegende Test soll diese Lücke zumindest teilweise füllen. Er beruht auf einer hierarchisch gegliederten Sammlung von Nachsprechaufgaben und auf systematisch begründeten Auswertungskriterien. Ein Hauptanliegen dieser Entwicklung war es, mit einer möglichst ökonomischen Vorgehensweise zuverlässige Daten über den Schweregrad und den Störungsschwerpunkt einer Sprechapraxie zu gewinnen. Die *Hierarchischen Wortlisten* sollen so einen Beitrag zur Qualitätssicherung im Bereich der Rehabilitation von Sprach- und Sprechstörungen leisten.

Das hier vorgestellte Verfahren, das in der *Abteilung für Neuropsychologie* des *Städtischen Krankenhauses München-Bogenhausen* entwickelt wurde, hat viele Vorstufen durchlaufen und wurde dabei immer wieder klinisch erprobt und den praktischen Erfordernissen angepasst. An dieser Stelle gilt unser herzlicher Dank den Kolleginnen und Kollegen des *Arbeitskreises Sprache und Sprechen* unserer Abteilung, die mit wertvollen Anregungen zu Durchführung, Testökonomie und Auswertung viel zur kontinuierlichen Verbesserung des Verfahrens beigetragen haben.

Einleitung

Definition der Sprechapraxie

Die Sprechapraxie zählt zu den erworbenen zerebralen Sprechstörungen. Die Störung betrifft Aspekte sprechmotorischer Funktionen, die in der sprachdominanten Großhirnhemisphäre angesiedelt sind. Vermutlich handelt es sich dabei um eine Beeinträchtigung der sprechmotorischen Programme, die sich im Spracherwerb konstituiert haben, oder um eine Störung des Zugriffs auf solche Programme. Die Störung kann verschiedene Integrationsebenen sprechmotorischer Programmierung betreffen, von der Ebene der Koordination einzelner Bewegungskomponenten zu komplexeren Gesten bis zur Ebene der Verbindung größerer motorischer Einheiten, etwa von Halbsilben oder Silben (Ziegler, 2003). Resultat dieser Beeinträchtigungen sind eine unflüssige Sprechweise und Störungen der Lautstruktur sprachlicher Äußerungen.

Symptomatik

Das Störungsbild von Patienten mit einer Sprechapraxie ist durch ihre Schwierigkeiten in der mündlichen Sprachproduktion geprägt. Die Störung betrifft dabei nicht die grammatikalischen Prozesse der Satzbildung oder den Abruf von Wörtern aus dem Lexikon, sondern die *lautstrukturellen Merkmale* gesprochener Sprache. Es sind sowohl die segmentalen (also auf die einzelnen Sprachlaute bezogenen) als auch die suprasegmentalen Aspekte des Sprechens (Akzentuierung, Intonation, Redefluss) betroffen.

Auf segmentaler Ebene sind die Äußerungen sprechapraktischer Patienten vorwiegend durch *Entstellungen* und einen hohen Anteil an *phonematischen Paraphasien* (Substitutionen, Additionen, Elisionen) gekennzeichnet (Odell, McNeill, Rosenbek & Hunter, 1990). Diese Fehler sind charakteristischerweise *inkonstant* und *inkonsistent*. Inkonstant bedeutet, dass ein vom Patienten mehrfach geäußertes Wort sowohl fehlerfrei als auch fehlerhaft realisiert werden kann. Unter Inkonsistenz versteht man das Phänomen, dass ein fehlerhafter Laut bei wiederholter Produktion auf unterschiedliche Weise fehlerhaft gebildet werden kann.

Neben den Störungen der segmentalen Ebene zählen zum klinischen Bild einer Sprechapraxie auch Beeinträchtigungen des *Redeflusses*. Es treten häufig Fehlversuche und Selbstkorrekturen auf, was zu Unterbrechungen des Redeflusses führt. Ferner kann das Sprechen durch Störungen von Rhythmus, Akzent und Intonation gekennzeichnet sein, z.B. durch Pausen oder durch Veränderungen des Wort- und Satzakzents (Seddoh, Robin, Sim, Hageman, Moon & Folkins, 1996). Als ein differenzialdiagnostisch wichtiges Symptom des gestörten Redeflusses wird schließlich das *silbische Sprechen* angesehen, das durch kurze intersilbische Pausen, durch eine Betonung oder Längung von Nebensilben oder durch eine verminderte Koartikulation an Silbengrenzen entsteht.

Die dritte Symptomebene bezieht sich auf Auffälligkeiten im Sprechverhalten, die sich mit linguistischen Instrumenten nicht gut beschreiben lassen. Ein häufig zu beobachtendes Merkmal sind stumme Suchbewegungen der artikulierenden Organe, die mit einer Annäherung an den Ziellaut verbunden sein können und häufig mit längeren Sprechpausen einhergehen. Manche Patienten zeigen darüber hinaus eine deutliche Sprechanstrengung, die in mimischen Mitbewegungen und/oder erhöhtem Tonus der orofazialen Muskulatur sichtbar wird, oder z.B. in einer erhöhten Sprechstimmlage hörbar sein kann. Angestrengtes Sprechen ist sehr oft mit einer erkennbaren Unzufriedenheit des Patienten mit seiner eigenen Leistung verbunden. Tabelle 1 fasst die Symptomatik der Sprechapraxie zusammen.

Abgrenzungsfragen

Ein häufiges differenzialdiagnostisches Problem besteht in der Abgrenzung der Sprechapraxie von den aphasisch-phonologischen Störungen einerseits und den verschiedenen Formen der Dysarthrie andererseits.

Dysarthrie

Für die Abgrenzung gegenüber den *Dysarthrien* ist es wichtig, die ätiologischen und die neuroanatomischen Unterschiede zwischen diesen Störungsformen zu beachten. Sprechapraxie tritt fast immer nach einem Infarkt oder einer Blutung in der sprachdominanten Großhirnhemisphäre auf. Abgrenzungsprobleme ergeben sich dabei in erster Linie zu den Dysarthrien nach Schädigung des ersten motorischen Neurons (spastische Dysarthrie) und zu den Dysarthrien, wie sie nach Stammganglieninfarkten auftreten können. Ein wichtiges differenzialdiagnostisches Kriterium ist, dass sich Dysarthrien nach einseitigen Läsionen in der Regel innerhalb weniger Wochen fast völlig zurückbilden.

Als Abgrenzungsmerkmal der Sprechapraxie zur Dysarthrie wird häufig die

Tabelle 1: Symptome der Sprechapraxie

Störungen der Lautbildung	Störungen des Redeflusses	Auffälliges Sprechverhalten
Phonematische Paraphasien: Hinzufügung (Addition), Auslassung (Elision), Ersetzung (Substitution), Vertauschung (Metathese)	Verlangsamung Fehlversuche, Selbstkorrekturen Iterationen von Lauten, Silben und/oder Wörtern	stumme Suchbewegungen sicht- und hörbare Sprechanstrengung erkennbare Unzufriedenheit mit der eigenen Leistung
Phonetische Entstellungen: z.B. Lenisierung, Fortisierung, Vor- bzw. Rückverlagerung, Nasalierung, nasaler Durchschlag, Denasalierung, Verlängerung / Verkürzung der Aspiration, Affrizierung / De-Affrizierung, Lautdehnungen	Silbisches (skandierendes) Sprechen Nivellierung von Akzentkontrasten und Intonationsmustern Inadäquate oder inadäquat lange Pausen	

für Sprechapraxie charakteristische Fehlerinkonstanz und -inkonsistenz aufgeführt. Sprechapraktische Patienten variieren die Art ihrer Fehler und produzieren – je nach Schweregrad – zwischendurch einzelne Äußerungen auch völlig fehlerfrei. Manchmal sind es Floskeln, Unmutsäußerungen oder kurze und häufig wiederkehrende Phrasen, die sie völlig ungestört und flüssig artikulieren. Solche „Inseln" störungsfreier Produktion treten bei dysarthrischen Patienten nicht auf. Allerdings ist zu beachten, dass auch dysarthrische Patienten variable Leistungen (z.B. auch Tagesschwankungen) zeigen können und dass besonders die *ataktische Dysarthrie* durch eine große Variabilität gekennzeichnet sein kann (Kent et al., 2000).

Ein weiteres differenzialdiagnostisches Merkmal ist das Auftreten *phonematischer Paraphasien* bei sprechapraktischen Patienten. Phonematische Fehler gehören nicht zum Störungsbild der Dysarthrien. Auch die vielen Fehlversuche und „Neustarts" und die ausgeprägten Suchbewegungen, die manche sprechapraktische Patienten zeigen, sind eine Eigenheit dieser Patientengruppe und kommen bei Dysarthrien nicht vor.

Umgekehrt ist das Sprechen dysarthrischer Patienten meist auch durch deutliche Stimmstörungen oder Beeinträchtigungen der Sprechatmung gekennzeichnet, während Patienten mit Sprechapraxie nur selten eine ausgeprägte Stimmstörung haben.

Im klinischen Alltag stellt sich sehr häufig die Frage, welche Anteile eines komplexen und gemischten Störungsbildes zu Lasten einer Sprechapraxie und welche Anteile zu Lasten einer gleichzeitig bestehenden Dysarthrie gehen. Hier ist es zweckmäßig, sich vom Kriterium der Fehlerkonstanz leiten zu lassen.

Aphasisch-phonologische Störungen

Die Abgrenzung zu den Störungen der *phonologischen Enkodierung* bei aphasischen Patienten kann im Einzelfall Probleme bereiten, da Sprechapraxie und Aphasie meist kombiniert auftreten und die phonematischen Paraphasien zu den häufigsten Merkmalen der Aphasie zählen. Das (zusätzliche) Bestehen einer Sprechapraxie manifestiert sich auf segmentaler Ebene in einem, neben phonematische Paraphasien, relevanten Anteil an phonetischen Entstellungen. Patienten mit phonologischen Störungen auf lexikalischer oder postlexikalischer Ebene, die keine Sprechapraxie haben, sprechen trotz ihrer fehlerhaften Lautbildung da-

Tabelle 2: Abgrenzung der Sprechapraxie von den Dysarthrien
(+ vorhanden; - nicht vorhanden)

	Sprechapraxie	Dysarthrie
Fehlerinkonstanz und – inkonsistenz	+	-
Phonematische Paraphasien	+	-
Suchbewegungen	+	-
Beeinträchtigung von Stimme und Sprechatmung	-	+

gegen *wohlartikuliert*, Lautentstellungen fehlen. Patienten mit aphasisch-phonologischen Störungen ohne Sprechapraxie sprechen auch häufig flüssig. Sofern Unflüssigkeiten der Sprachproduktion beobachtet werden, sind sie nicht Folge von artikulatorischem Suchverhalten und Fehlversuchen, sondern eher durch Wortabrufstörungen bedingt. Bei Patienten mit Leitungsaphasie kann es schwierig sein, „conduit d'approche"-Symptome von artikulatorischem Suchen abzugrenzen.

Bukkofaziale Apraxie

Die Sprechapraxie ist ferner terminologisch von der *bukkofazialen Apraxie* zu unterscheiden. Der Begriff der bukkofazialen Apraxie bezieht sich auf Störungen der Ausführung von *nichtsprachlichen* Bewegungen der fazialen, oralen, velopharyngealen, laryngealen oder respiratorischen Muskulatur, während der Begriff der Sprechapraxie auf die Störungen der mündlichen Sprachproduktion eingeschränkt ist. Sprechapraxie und bukkofaziale Apraxie sind zwar in vielen Fällen assoziiert, jedoch können beide Störungen auch unabhängig voneinander auftreten. Sprechapraxie und bukkofaziale Apraxie können sich auch im Verlauf unterschiedlich entwickeln (Ziegler, 2002a).

Sprechapraxiediagnostik

Ziel der Sprechapraxiediagnostik ist es, das Vorliegen einer sprechapraktischen Symptomatik zu sichern, den Schweregrad der Störung abzuschätzen und die Störungsschwerpunkte in einem Profil zu erfassen. Die Sprechapraxiediagnostik ist damit Teil einer umfassenderen diagnostischen Abklärung der sprachlich-kommunikativen Defizite hirngeschädigter Patienten. Die Einschätzung des Stellenwertes einer Sprechapraxie im Bezug auf andere neuropsychologische Defizite spielt besonders im Hinblick auf die Therapieplanung eine große Rolle, also im Hinblick auf die Auswahl von Therapiemethoden, die Gewichtung der Sprechapraxiebehandlung im Rahmen des rehabilitativen Gesamtkonzepts sowie die Therapieintensität.

Beispiel 1: Patient S hat eine schwere Sprechapraxie und eine *schwere* Aphasie. Seine expressiven Leistungen sind u.a. auf Grund von sprechmotorischen Defiziten erheblich eingeschränkt, er hat jedoch auch relevante Einbußen im semantischen Bereich. Hier sollte der gezielten Sprechapraxie-Therapie eine intensive Aphasietherapie vorausgehen, da der Patient nicht davon profitiert, ein Wort *aussprechen* zu können, ohne

Tabelle 3: Abgrenzung der Sprechapraxie von aphasisch-phonologischen Störungen

	sprechapraktisch	**aphasisch-phonologisch**
phonetische Entstellungen	+	-
Durchgängige Sprechanstrengung	+	-
Intermittierende Sprachanstrengung	-	+

+ vorhanden; - nicht vorhanden

seinen *Sinn* zu verstehen („Papageientherapie").

Beispiel 2: Patient L hat eine schwere Sprechapraxie und eine *leichte* Aphasie. Der Zugriff auf das semantische System ist weitestgehend erhalten, die Sprachproduktion ist aufgrund von sprechmotorischen Defiziten erheblich eingeschränkt. Hier kann eine gezielte Sprechapraxiebehandlung ansetzen, um den willentlichen Zugriff auf artikulatorische Muster zu verbessern.

Beispiel 3: Patient R hat neben einer schweren Sprechapraxie eine bukkofaziale Apraxie. Hier muss in der Therapieplanung berücksichtigt werden, dass Therapiemethoden, die z.B. auf der Anbahnung von Lauten über nichtsprachliche Bewegungen basieren, durch die bukkofaziale Apraxie Grenzen gesetzt sind.

Bewertung von Vorbefunden

Aus neurologischen und neuropsychologischen Vorbefunden und aus der Aphasietestung liegen zumeist schon sehr wichtige Vorinformationen über das Bestehen einer Sprechapraxie vor. Der „typische" Sprechapraxiepatient hat einen Infarkt oder eine Blutung im Stromgebiet der linken mittleren Hirnarterie erlitten, häufig mit einer Hemiparese der rechten Körperhälfte inklusive der rechten unteren Gesichtshälfte.

Auf der Grundlage von Vorbefunden zur mündlichen Spontansprachproduktion und zum Subtest „Nachsprechen" des *Aachener Aphasie Test (AAT)* (Huber et al., 1983) lässt sich sehr häufig bereits abschätzen, ob die Diagnose einer Sprechapraxie zu diskutieren ist oder ausgeschlossen werden kann. Die dafür wichtigen Kriterien lassen sich zu einer „Checkliste" zusammenstellen. Diese Liste ist als Bestandteil des Untersuchungsmaterials auch im Anhang abgedruckt.

10-Punkte-Checkliste

1. Es besteht ein Infarkt / eine Blutung der mittleren Hirnarterie links.
2. Die Artikulation ist durch phonetische und phonematische Störungen gekennzeichnet.
3. Die Lautentstellungen sind inkonstant und inkonsistent.
4. Es treten „Inseln" störungsfreier Produktion auf.
5. Es sind Suchbewegungen zu beobachten.
6. Sprechstimme und -atmung sind vergleichsweise wenig oder nicht beeinträchtigt.
7. Der Redefluss ist durch Fehlversuche, Iterationen, Selbstkorrekturen unterbrochen.
8. Sprechanstrengung ist sicht- oder hörbar.
9. Die Störung betrifft alle Modalitäten mündlicher Sprachproduktion in ähnlichem Ausmaß.
10. Es besteht eine bukkofaziale Apraxie.

Erläuterungen

- Mit der Zahl der „ja"-Antworten nimmt die Sicherheit über die Diagnose einer Sprechapraxie zu.
- Zu (1): In Einzelfällen wurden sprechapraktische Störungen auch bei „gekreuzter" Symptomatik berichtet. Sprechapraxien nach traumatischer Hirnschädigung oder bei anderen Ätiologien sind ebenfalls bekannt.
- (2) und (3) sind obligatorisch für das Bestehen einer Sprechapraxie.
- Konstante und konsistente phonetische Störungsmerkmale (3) und deutliche Beeinträchtigungen von Stimme oder Atmung (6) können auf das (gleichzeitige) Bestehen einer Dysarthrie hinweisen.
- Bei einem hohen relativen Anteil phonematischer Paraphasien ist das Bestehen einer Leitungsaphasie zu prüfen. Bei eingeschränkter spontaner Sprachproduktion ist eine Störung des Sprechantriebs (z.B. im Rahmen einer transkortikal-motorischen Aphasie) auszuschließen.
- (7) - (8) zeigen den Grad der Störungswahrnehmung durch den Patienten an.
- Zu (9): Deutliche Unterschiede zwischen Nachsprechen und Spontansprache können auf das Vorliegen transkortikal-motorischen oder einer Leitungsaphasie hinweisen.
- Zu (10): Das Bestehen einer bukkofazialen Apraxie schränkt nichtsprachliche therapeutische Ansätze ein.

Erhärtet sich der Verdacht auf das Vorliegen einer sprechapraktischen Störung, wird eine ausführliche Diagnostik notwendig, die die kommunikative Wertigkeit der Sprechstörung ermittelt sowie Ansätze für eine gezielte Therapieplanung und Behandlung liefert.

Diagnostik kommunikativer Defizite

Gerade bei schwerer betroffenen Patienten ist eine spezifische Analyse des Kommunikationsverhaltens wichtig. Für diese Untersuchungen gibt es verschiedene Instrumente (Glindemann, Ziegler & Kilian, 2002). Beispielsweise lassen sich in einem gelenkten Interview mit Fragen zur Person oder zum Alltag die Fähigkeiten zur Inhaltsvermittlung im Gespräch prüfen. Dabei können die Anteile verbaler, mimisch-gestisch und schriftlich-grafischer Kommunikation separat erfasst und in ihrer Effizienz beurteilt werden (Mangold, 2001). Hier erhält man wichtige Informationen über verbliebene Ressourcen und Kompensations- oder Deblockierungsmöglichkeiten des Patienten, die später in der Therapie gezielt genutzt werden können.

Systematische Prüfverfahren

Als Basis für eine gezielte und individuelle Therapieplanung benötigt man Prüfverfahren, mit denen sich der Schweregrad und der Schwerpunkt einer Störung systematisch bestimmen lassen. Solche Testverfahren dienen auch der Verlaufskontrolle und somit der Qualitätssicherung in der Behandlung sprechapraktischer Patienten.

Bislang existiert im deutschsprachigen Raum kein standardisiertes Verfahren zur Diagnostik der Sprechapraxie. Ein Grundproblem bei der Konzeption geeigneter Testverfahren ist, dass die Sprechstörungen je nach Schweregrad sehr unterschiedlich ausgeprägt sein können und mit Aufgaben unterschiedlicher Schwierigkeit erfasst werden müssen. Patienten mit schweren Störungen sind oft nicht einmal in der Lage, längere Wörter zu produzieren, während z.B. Patienten, deren Störung mehr oder weniger auf den Redefluss beschränkt ist, bei der Produktion von Einzelwörtern unter Umständen kaum Auffälligkeiten zeigen. Brauchbare Diagnostikinstrumente müssen dieses breite Spektrum an Ausprägungsgraden zumindest teilweise abdecken.

Zur Überprüfung der sprechmotorischen Fähigkeiten hirngeschädigter Patienten kann man Sprechproben in unterschiedlicher Weise erheben. Die natürlichste und alltagsrelevanteste Form ist die Analyse der *Spontansprache*, denn sie ermöglicht einen direkten Einblick in die kommunikativen Fähigkeiten und Möglichkeiten des Patienten in der Gesprächssituation. Dennoch scheint die freie Sprechprobe als alleinige Diagnostikgrundlage nicht geeignet, da es vielen Einflussfaktoren überlassen bleibt, wie viele und welche Äußerungen ein Patient produziert. Frei produzierte Sprachäußerungen sind für eine gezielte Diagnostik oft unbefriedigend, da die mangelnde Systematik des Sprachmaterials eine Analyse der sprechmotorischen Leistungen erschwert. Außerdem zeigen Spontansprachproben Symptome, die weit über die Symptomatik der Sprechapraxie hinausgehen, was es wiederum schwer macht, die sprechapraktisch bedingten Störungsanteile zu isolieren und von Symptomen wie Minderung des Sprechantriebs, Agrammatismus, Wortabrufstörung etc. abzugrenzen.

Eine zweite Möglichkeit, Sprechproben zu gewinnen, bietet das *Benennen* von Objektabbildungen oder das Beschreiben von Situationsbildern. Diese Methoden geben dem Untersucher zwar mehr Möglichkeiten an die Hand, den phonematischen und motorischen Anforderungsgrad der Äußerungen systematisch zu kontrollieren. Allerdings können sie – wie die Spontansprache – durch Störungsanteile beeinflusst sein, die mit der phonologischen Enkodierung und der motorischen Realisierung von Wörtern nichts zu tun haben, etwa durch eine Störung der Objekterkennung, durch eine semantische Störung oder durch eine Störung des lexikalischen Zugriffs. Ähnliches gilt für die Modalität des lauten Lesens, wo der sprechapraktische Störungsanteil durch Störungen der Verarbeitung geschriebener Wörter konfundiert sein kann.

Hier wird als Diagnostikmethode ein *Nachsprechtest auf Einzelwortebene* verwendet. Diese Methode bietet die Möglichkeit, sprechmotorische Leistungen systematisch und kontrolliert nach einem hierarchischen Prinzip zu untersuchen, das den Schwierigkeitsgraden sprechmotorischer Anforderungen Rechnung trägt. Natürlich kann es aber auch beim Nachsprechen zu einer Interferenz mit Symptomen kommen, die mit der Enkodierung gesprochener Sprache nur wenig zu tun haben. Zum Beispiel kann eine zentrale oder periphere Hörstörung die Nachsprechleistung – vor allem für Pseudowörter – mindern. Es ist nicht prinzipiell ausgeschlossen, in solchen Fällen den Test durch *lautes Lesen* durchzuführen. Die hier berichteten Erfahrungen und Daten beruhen jedoch auf der Durchführung als Nachsprechtest und sind möglicherweise nicht vollständig auf andere Modalitäten zu übertragen.

Die Hierarchischen Wortlisten

1. Ziel der Untersuchung

Die *Hierarchischen Wortlisten* sind als Screening-Verfahren zur Diagnostik sprechapraktischer Störungen konzipiert. Sie eignen sich zu einer Einschätzung des Schweregrads und des Störungsschwerpunktes der Sprechapraxie und liefern ein Profil, das den Einfluss der Wortlänge, der Komplexität von Silbenstrukturen und der Lexikalität auf die Sprechfähigkeit anzeigt. Ferner sollen sie die differenzialdiagnostische Abgrenzung zu dysarthrischen und zu aphasisch-phonologischen Störungen ermöglichen.

Der Test kann weiterhin zur Verlaufskontrolle verwendet werden, da die quantitative Auswertung einen direkten Vergleich von Testprofilen zu unterschiedlichen Untersuchungszeitpunkten möglich macht.

Die hier verwendete Standardauswertung orientiert sich vor allem an den Kriterien der Testökonomie und der Objektivität. Sie kann erweitert werden, um mit entsprechend höherem Aufwand auch eine differenziertere qualitative Fehleranalyse zu erhalten. Diese kann für eine gezielte Therapieplanung wichtig sein (Vgl. 7.).

2. Material

2.1 Hierarchischer Aufbau

Der Nachsprechtest umfasst 2 x 8 Listen zu je sechs Wörtern, also insgesamt 96 Testaufgaben. Die Listen 1 – 8 enthalten bedeutungstragende Wörter, die Listen 9 – 16 enthalten Pseudowörter, die den Testwörtern der ersten acht Listen hinsichtlich Länge und Komplexität der Silbenstruktur entsprechen.

Die hierarchische Struktur der Listen basiert – neben dieser Unterscheidung nach Wörtern und Pseudowörtern (Lexikalität) – auf systematischen Veränderungen von zwei Variablen, die zwei wichtigen Anforderungskriterien sprech-

Tabelle 4: Hierarchische Wortlisten: Materialaufbau (je ein Beispiel pro Zelle)

	Wörter			
Silbenzahl	**1**	**2**	**3**	**4**
CV	Kuh N=6, p/s=2,67	Möwe N=6, p/s=2,08	Kapitän N=6, p/s=2,06	Schokolade N=6, p/s=2,04
CC	Schmuck N=6, p/s=4,17	Schnecke N=6, p/s=3,17	Prinzessin N=6, p/s=2,78	Plattenspieler N=6, p/s=2,83
	Pseudowörter			
Silbenzahl	**1**	**2**	**3**	**4**
CV	ka: N=6, p/s=2,67	mu:və N=6, p/s=2,08	Kupota:n N=6, p/s=2,06	ʃukalo:də N=6, p/s=2,08
CC	ʃmɪk N=6, p/s=4,17	ʃnɪkə N=6, p/s=3,17	prantsʊsɪŋ N=6, p/s=2,78	Plɔtənʃpaɪlɐ N=6, p/s=2,83

N: Anzahl Items, p/s: mittlere Zahl der Phoneme pro Silbe

motorischer Leistungen Rechnung tragen, nämlich (1) Silbenzahl und (2) Komplexität der Silbenstruktur. Der Aufbau der Wortlisten ist in Tabelle 4 übersichtlich und mit Hilfe von Beispielwörtern dargestellt.

Lexikalität

In den *Hierarchischen Wortlisten* werden bedeutungstragende Wörter und Pseudowörter (Logatome) einander gegenübergestellt. In der Testauswertung werden die Wörter der ersten acht Listen (L1 – L8) mit den phonologisch parallelisierten Pseudowörtern (L9 – L16) verglichen (dadurch ergibt sich eine Vergleichsbasis von je 48 Items). Erfahrungsgemäß zeigen Patienten mit einer Sprechapraxie beim Nachsprechen von Pseudowörtern meist deutlichere Auffälligkeiten als beim Nachsprechen von Wörtern, so dass durch die Hinzunahme von Pseudowörtern eine Erhöhung der Sensitivität des Tests erzielt wird [1].

Silbenzahl

Der Test enthält Listen mit ein- bis viersilbigen Wörtern und Pseudowörtern, deren Vergleich in der Auswertung die Erkennung eines Wortlängeneffekts ermöglicht. Für diesen Vergleich können jeweils 24 Items mit gleicher Silbenzahl herangezogen werden (z.B. Einsilber: L1 + L2 + L9 + L10; Zweisilber: L3 + L4 + L11 + L12 etc.). Wortlängeneffekte werden ganz allgemein bei allen postlexikalischen Enkodierungsstörungen erwartet. Auch bei sprechapraktischen Patienten ist bekannt, dass die Fehlerhäufigkeit bei längeren Wörtern zunimmt (Vgl. 7.2).

Komplexität der Silbenstruktur

Die Komplexität der Silbenstruktur eines Wortes kann anhand der Anzahl der unmittelbar aufeinander folgenden Konsonanten innerhalb einer Silbe gemessen werden. So sind Silben der Form CCVC (z.B. /ʃmʊk/) komplexer als solche der Form CV- (z.B. /ku:/) oder CVC (z.B. /dax/).

Komplexitätseffekte bei sprechapraktischen Störungen werden in der Literatur häufig beschrieben. Man geht davon aus, dass die Programmierung von Bewegungsabläufen bei Silben mit komplexer Struktur eine höhere Präzision erfordert als bei einfachen Konsonant – Vokal – Silben (z.B. Odell et al., 1990). Oft werden Konsonantenverbindungen vereinfacht, z.B. das Wort <schmuck> als [mʊk] realisiert, was als Kompensation eines antizipierten Artikulationsproblems interpretiert werden kann (Romani & Calabrese, 1998).

In den hierarchischen Wortlisten werden lediglich zwei Komplexitätsgrade unterschieden: Wörter und Pseudowörter mit einfachen Konsonant – Vokal – Silben (CV) und solche mit komplexen Konsonantenverbindungen (CC). Ein Beispiel für ein Wort mit CV-Struktur ist etwa

(1) Tomate
(L 5, dreisilbig, CV-Wort),

ein Vertreter aus einer CC-Liste ist beispielsweise

(2) Pranzussing
(L 14, dreisilbig, CC-Pseudowort).

---

[1] Sprachproduktionsmodelle wie z.B. das Logogen-Modell gehen zwar davon aus, dass sich sprechapraktische (wie auch andere postlexikalische) Störungen auf das Nachsprechen von Pseudowörtern und von bedeutungshaltigen Wörtern *gleich* auswirken sollten. Konektionistische Modelle können solche lexikalischen Einflüsse jedoch erklären (z.B. Shallice et al., 2000).

Der Test enthält je Silbenzahl eine Liste mit Wörtern/Pseudowörtern von geringer Komplexität sowie eine Liste mit Wörtern, die Konsonantencluster beinhalten. Der Vergleich dieser Listen lässt einen Schluß auf Silbenstruktureffekte zu. Dieser Vergleich kann auf der Grundlage von jeweils 48 Wörtern der Strukturen CV (L1 + L3 + L5 + L7 + L9 + L11 + L13 + L15) bzw. CC (L2 + L4 + L6 + L8 + L10 + L12 + L14 + L16) durchgeführt werden. Es ist allerdings zu bedenken, dass Wörter mit drei oder vier Silben nicht so „dicht" mit Konsonanten besetzt sein können wie etwa einsilbige Wörter. Ein Wort wie „Strumpf" beispielsweise hat – je nach Zählart – 6 bis 7 Phoneme in einer Silbe, während ein ebenfalls sehr komplexes Wort wie „Krankenschwester" im Mittel nur 2,5 Phoneme pro Silbe (14 Phoneme auf 4 Silben verteilt) besitzt. Länge und Komplexität wurden in den *Hierarchischen Wortlisten* also nicht ganz unabhängig voneinander variiert, wie die Angaben zur mittleren „Phonemdichte" (Phoneme pro Silbe) in Tabelle 4 belegen.

2.2 Weitere Auswahlkriterien

Die verwendeten Wörter sind möglichst hochfrequente deutsche Nomina, anhand derer das Lautinventar des Deutschen systematisch überprüft werden kann. Es sind lange und kurze Vokale sowie Diphthonge als Ziellaute in akzentuierter Position vertreten. Bei den Konsonanten variieren in jeder Liste die Parameter *Artikulationsort* und *-modus*, *Nasalität* sowie *Stimmhaftigkeit* so vielfältig wie möglich. Soweit sich das mit den bereits genannten Kriterien vereinbaren lässt, ist die hierarchische Struktur des Tests auch innerhalb einer Liste repräsentiert.

Man geht davon aus, dass sprechapraktische Patienten größere Probleme mit Konsonantenclustern im Anlaut im Vergleich zur Auslautposition haben. Demzufolge ist beispielsweise die Liste der komplexen Einsilber so strukturiert, dass die ersten zwei Wörter Cluster im Auslaut („Wald", „Netz"), das dritte und vierte Wort Konsonantverbindungen im Anlaut („Frosch", „Schmuck") und die letzten beiden Wörter Cluster in An- und Auslaut („Knecht", „Kranz") enthalten. Dieses Kriterium wird jedoch nicht vorrangig behandelt und in der Auswertung nicht berücksichtigt.

Ferner wurde bei den drei- und viersilbigen Wörtern auf eine ausgeglichene Hauptakzentsetzung auf den verschiedenen Silbenpositionen geachtet (vergleiche z.B. <KLAPperschlange>, <eLEKtriker>, <optiMISmus>, <spekulaTION>), um prosodische Probleme wie Akzentnivellierungen oder -verschiebungen erfassen zu können.

3. Der Untersuchungsbogen

Das Untersuchungsmaterial besteht aus sechs Blättern:

- ein Deckblatt (HWL I)
- vier Bögen mit Wortlisten (HWL II-V)
- ein Grafikbeiblatt (HWL VI)

Die Wortlisten dienen sowohl als Vorlage bei der Testdurchführung als auch als Grundlage der Befundung. Die dort ermittelten Werte werden auf das Deckblatt in eine Übersicht übertragen. Auf deren Grundlage können auf dem Grafikbeiblatt Leistungsprofile zeichnerisch dargestellt werden.

3.1 Die Wortlisten

Der Test enthält vier Auswertungsbögen mit Wortlisten, die von eins bis sechzehn fortlaufend durchnummeriert sind (L1 – L16). Jeder Bogen enthält vier Wortlisten. Die Überschriften geben jeweils Lexikalität, Silbenzahl und Komplexität der Silbenstruktur an, um dem Untersucher den Überblick über die hierarchische Struktur zu erleichtern. Für jedes Wort ist im Protokollbogen eine Zeile vorgesehen, die das Zielwort mit Kennzeichnung des Hauptakzents enthält, sowie ein breites phonologisches Transkript und drei Felder für die auditive Bewertung der phonetischen und phonematischen Struktur sowie des Redeflusses. Die Befundung erfolgt, wie in Abschnitt 5 beschrieben wird, für jedes Wort einzeln. Anschließend wird für jede bewertete Kategorie die Anzahl der korrekten Items pro Liste in die dafür vorgesehenen Felder eingetragen. Unter „verwertbar" wird die Anzahl der bewertbaren Items vermerkt, d.h. wenn Nullreaktionen aufgetreten sind, werden diese von der Gesamtzahl (n=6) abgezogen (s. Abbildung 1). Die Kriterien dieser Bewertung werden in Abschnitt 5.2 detailliert dargestellt.

In Abbildung 1 ist ein Beispiel einer solchen Auswertung dargestellt. Im dargestellten Fall traten zwei Nullreaktionen auf („Decke", „Kissen"), d.h. nur vier Wörter konnten bewertet werden. Von diesen vier Wörtern waren zwei phonetisch korrekt („Auge", „Fische"), ein Wort war phonematisch korrekt („Fische") und drei Wörter waren im Redefluss unauffällig („Auge", „Fische", „Leiter").

L3: Wörter, zweisilbig, CV

Zielwort	Transkript	PT	PM	RF
'Auge	a͜u g ə		X	
'Möwe	m øː v ə	X	X	X
'Decke	d ɛ k ə	—	—	—
'Fische	f ɪ ʃ ə			
'Kissen	k ɪ s n̩	—	—	—
'Leiter	l a͜i t ɐ	X	X	
	Anzahl korrekter Items	2	1	3
	verwertbar	4		

Abbildung 1: Beispiel für eine ausgewertete Wortliste. In der Überschrift wird die Liste hinsichtlich der drei Variablen *Lexikalität* (Wörter), *Silbenzahl* (zweisilbig) und *Komplexität* (CV, d.h. einfache Struktur) beschrieben. In den drei Spalten auf der rechten Seite werden phonetische Fehler (PT), phonematische Paraphasien (PM) und Redeflussfehler (RF) markiert (Vgl. 5.2).

3.2 Das Deckblatt

Das Deckblatt (HWL I) soll einen Überblick über die Ergebnisse der durchgeführten Untersuchung geben. Es bietet außerdem Raum für individuelle Anmerkungen über Auffälligkeiten oder Beobachtungen bei der Testdurchführung oder Auswertung.

Auf dem Deckblatt werden neben personenbezogenen Daten die Summenwerte aus den einzelnen Listen notiert. Die Tabellen ermöglichen einen ersten orientierenden Überblick über die Untersuchungsergebnisse (Gesamtzahl der korrekten Wörter, Verhältnis zwischen phonetisch und phonematisch korrekten Wörtern, Anzahl der Nullreaktionen, etc.) und erleichtern das Übertragen der Ergebnisse in die Übersichtsgrafiken (HWL VI).

Darüber hinaus wird hier eine Beurteilung der Variablen *Sprechanstrengung*, *Suchverhalten*, *silbisches Sprechen* sowie *veränderter Wortakzent* mittels vierstufiger Skalen vorgenommen. Diese Skalen sind allerdings nicht psychometrisch evaluiert.

Da sprechapraktische Symptome selten isoliert auftreten beinhaltet das Deckblatt ferner eine Tabelle „Assoziierte Störungen", in der gegebenenfalls Störungsbild und Schweregrad der begleitenden Aphasie, Dysarthrie, bukkofazialen Apraxie und/oder Hörstörung vermerkt werden können.

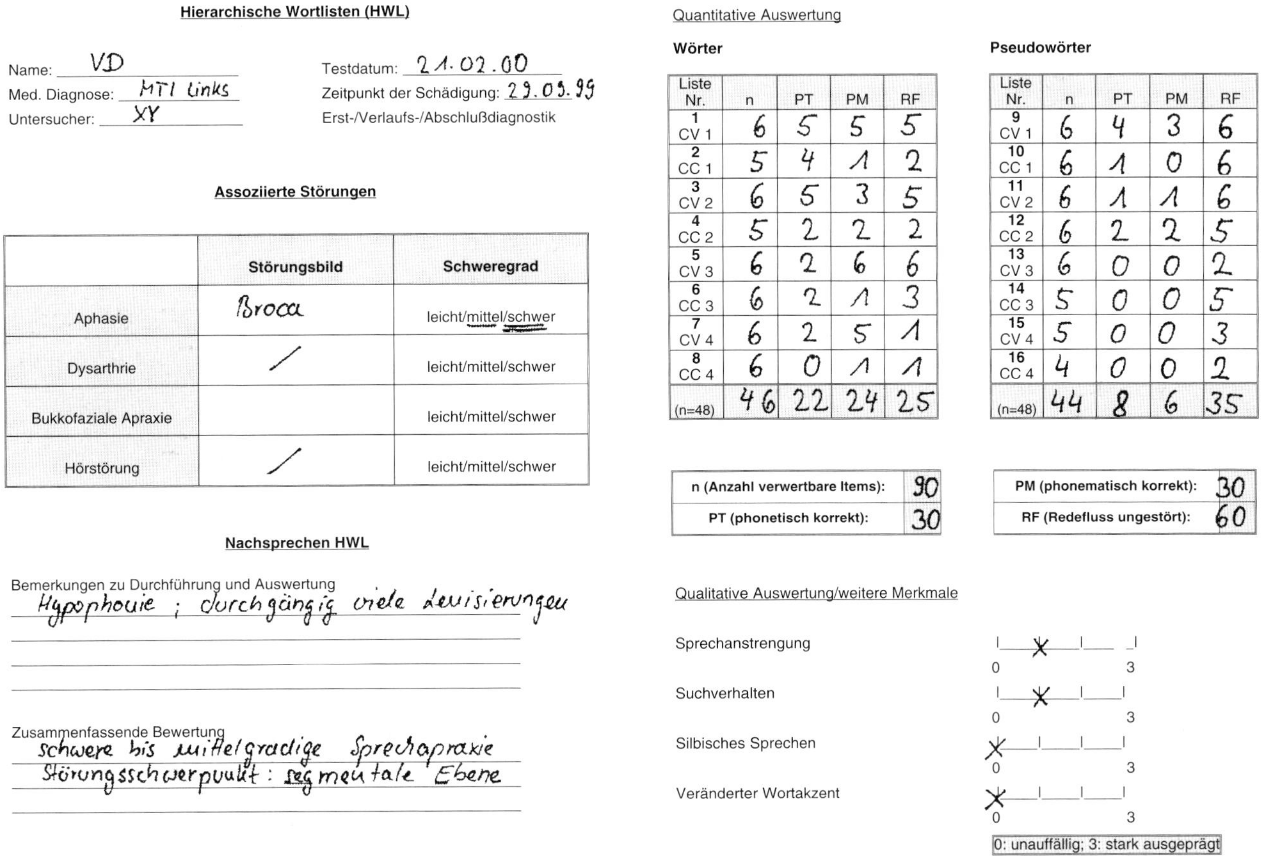

Hierarchische Wortlisten (HWL)

Name: VD
Med. Diagnose: MTI links
Untersucher: XY
Testdatum: 21.02.00
Zeitpunkt der Schädigung: 29.03.99
Erst-/Verlaufs-/Abschlußdiagnostik

Assoziierte Störungen

	Störungsbild	Schweregrad
Aphasie	Broca	leicht/mittel/schwer
Dysarthrie	/	leicht/mittel/schwer
Bukkofaziale Apraxie		leicht/mittel/schwer
Hörstörung	/	leicht/mittel/schwer

Nachsprechen HWL

Bemerkungen zu Durchführung und Auswertung
Hypophonie ; durchgängig viele Lexisierungen

Zusammenfassende Bewertung
schwere bis mittelgradige Sprechapraxie
Störungsschwerpunkt : segmentale Ebene

Quantitative Auswertung

Wörter

Liste Nr.	n	PT	PM	RF
1 CV 1	6	5	5	5
2 CC 1	5	4	1	2
3 CV 2	6	5	3	5
4 CC 2	5	2	2	2
5 CV 3	6	2	6	6
6 CC 3	6	2	1	3
7 CV 4	6	2	5	1
8 CC 4	6	0	1	1
(n=48)	46	22	24	25

Pseudowörter

Liste Nr.	n	PT	PM	RF
9 CV 1	6	4	3	6
10 CC 1	6	1	0	6
11 CV 2	6	1	1	6
12 CC 2	6	2	2	5
13 CV 3	6	0	0	2
14 CC 3	5	0	0	5
15 CV 4	5	0	0	3
16 CC 4	4	0	0	2
(n=48)	44	8	6	35

n (Anzahl verwertbare Items):	90
PT (phonetisch korrekt):	30
PM (phonematisch korrekt):	30
RF (Redefluss ungestört):	60

Qualitative Auswertung/weitere Merkmale

Sprechanstrengung 0–3: 1
Suchverhalten 0–3: 1
Silbisches Sprechen 0–3: 0
Veränderter Wortakzent 0–3: 0

0: unauffällig; 3: stark ausgeprägt

Abbildung 2: Beispiel eines ausgefüllten Deckblattes des HWL-Untersuchungsbogens (HWL I)

3.3 Grafische Darstellung

Auf Blatt HWL VI des Untersuchungsmaterials können die Ergebnisse des Tests grafisch dargestellt werden, indem der Untersucher die errechneten Punktwerte in die vorgegebenen Grafiken überträgt.

Die Ergebnisse werden für Wörter (HWL VI links) und Pseudowörter (HWL VI rechts) getrennt dargestellt.

Die mit „Silbenzahl“ überschriebenen Grafiken geben einen Überblick über die Anzahl der korrekt produzierten Wörter in Abhängigkeit von der Silbenzahl. Hier werden jeweils die Summen zweier aufeinanderfolgender Listen gleicher Silbenanzahl (L1 + L2; L3 + L4 etc.) gebildet und eingetragen.

In den mit „Komplexität“ überschriebenen Grafiken werden Wörter mit einfacher Silbenstruktur denen mit komplexer Silbenstruktur gegenübergestellt, d.h. es werden Summen aus den Punktwerten ein-, zwei-, drei- und viersilbiger *einfacher* (L1 + L3 + L5 + L7), und *komplexer* Wörter (L2 + L4 + L6 + L8) gebildet.

Die Scores für die drei Bewertungskategorien *phonetische Struktur*, *phonematische Struktur*, *Redefluss* werden getrennt dargestellt. Die Punktwerte entnimmt man der Übersichtstabelle auf Blatt HWL I des Untersuchungsbogens und bildet daraus die entsprechenden Summen.

War ein Patient in der Untersuchung nicht in der Lage, alle Testwörter zu rea-

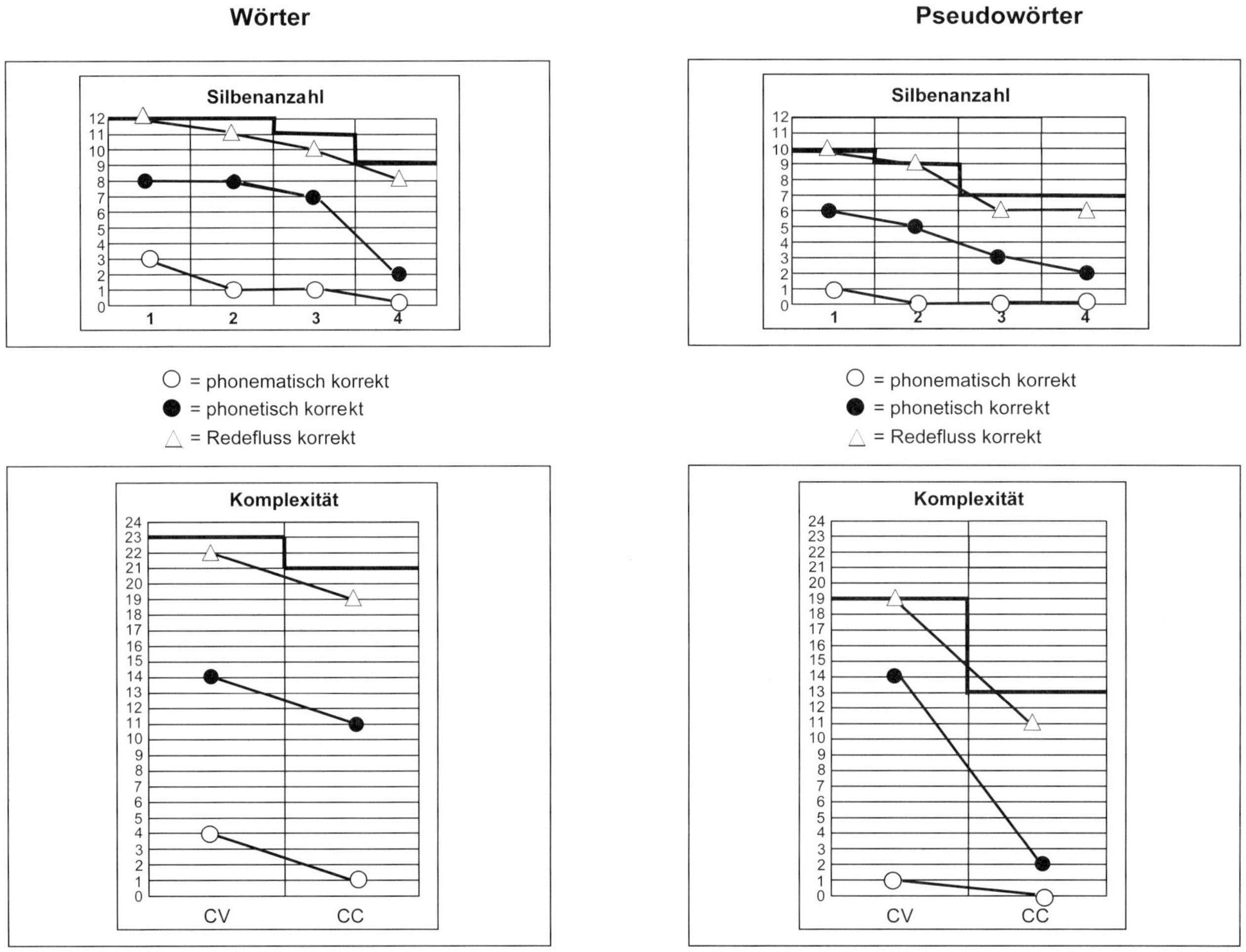

Abbildung 3: Grafische Darstellung der Ergebnisse anhand eines Beispiels

lisieren, ist es wichtig, in den Grafiken die Anzahl der *verwertbaren* Items zu markieren (siehe Übersichtstabelle auf Blatt HWL I) indem man sie mit einer verstärkten (oder farbigen) Linie kennzeichnet. Erst der Abstand der eingezeichneten Profile von *dieser* Linie lässt eine Aussage über das Verhältnis von korrekten und fehlerhaften Realisationen zu, da die nicht befundeten Wörter so nicht berücksichtigt werden.

Das ausgefüllte Grafikblatt ermöglicht nun einen anschaulichen Überblick über

- das Verhältnis der drei befundeten Variablen zueinander (innerhalb jeder Grafik)
- den Vergleich von Wörtern und Pseudowörtern im Hinblick auf einen Lexikalitätseffekt
- einen orientierenden Anhaltspunkt zum Einfluss der Wortlänge auf die Anzahl der fehlerhaften Wörter (Grafiken „Silbenzahl"; HWL VI; Vgl. auch 7.2)
- den Vergleich von phonologisch einfach und komplex strukturierten Wörtern im Hinblick auf einen Komplexitätseffekt.

Das abgebildete Beispiel (Abb. 3) lässt folgende Aussagen über die sprechmotorischen Fähigkeiten des untersuchten Patienten zu:

- Der Redefluss ist vergleichsweise wenig gestört. Auf Lautebene liegt ein relevanter Anteil an phonetischen sowie phonematischen Fehlern vor, wobei die phonematischen Paraphasien überwiegen.
- Bei Pseudowörtern treten deutlich mehr Nullreaktionen auf als bei bedeutungstragenden Wörtern. Bezieht man jedoch die Anzahl fehlerhafter Realisationen auf die Anzahl verwertbarer Wörter, zeigt sich kein relevanter Unterschied.
- Mit zunehmender Wortlänge nimmt die Anzahl der korrekten Äußerungen in allen befundeten Kategorien leicht ab oder bleibt gleich, was jedoch nicht zwangsläufig als „echter" Wortlängeneffekt interpretiert werden kann (Vgl. 7.2).
- Bei Wörtern und Pseudowörtern mit komplexen Konsonantverbindungen (CC) treten jeweils mehr phonetische und phonematische Fehler auf als bei einfach strukturierten (Pseudo)wörtern (CV); auch der Redefluss ist dort häufiger beeinträchtigt.

4. Testdurchführung

4.1 Vorbereitung

Im Vorfeld der Diagnostik sollte geklärt werden, ob der zu untersuchende Patient durch eine periphere oder zentrale Hörstörung beeinträchtigt ist und somit möglicherweise bereits ein Problem bei der Verarbeitung auditiv dargebotener sprachlicher Information besteht, welches das Testergebnis verfälschen könnte. Probleme der auditiven Verarbeitung zeigen sich im Test vor allem beim Nachsprechen der Pseudowörter.

Ferner sollte sichergestellt sein, dass aphasische Patienten ein ausreichend gutes Sprachverständnis haben, um die Testinstruktion verstehen zu können.

Wenn notwendig, sollte der Patient Hörgerät und Zahnprothese tragen.

4.2 Ablauf der Untersuchung

Zur Untersuchungsdurchführung werden Untersuchungsbogen, ein Stift sowie ein Tonbandgerät oder Videorekorder mit Mikrophon benötigt. Eine Videoaufzeichnung wird empfohlen, da sie eine zuverlässigere Erfassung von Symptomen beeinträchtigten Sprechverhaltens erlaubt. Die Testaufzeichnung sollte in einem ruhigen Raum erfolgen, um eine Verfälschung der anschließenden auditiven Analyse durch Störgeräusche zu vermeiden.

Untersucher und Patient sitzen sich gegenüber. Der Untersucher spricht die Wörter einzeln laut und mit natürlicher Intonation vor und fordert den Patienten auf, sie nachzusprechen.

Eine erneute Vorgabe des Zielitems durch den Untersucher ist dann zulässig, wenn vom Patienten eine Nullreaktion erfolgt, oder der Patient zu verstehen gibt, dass er eine erneute Vorgabe wünscht. Mehrere Wiederholungen sind nicht zulässig. In der Auswertung wird im Falle einer wiederholten Zielwortvorgabe die Realisation des Patienten bewertet, die dem Zielwort näher kommt.

Der Test wird abgebrochen, wenn in drei aufeinanderfolgenden Listen jeweils mindestens drei nicht verwertbare Reaktionen (s.u.) auftreten.

Die gesamte Testdurchführung wird für die anschließende Auswertung aufgezeichnet, daher ist ein Mitprotokollieren während der Untersuchung nicht erforderlich. Nicht verwertbare Reaktionen sollten allerdings gekennzeichnet werden, um das Abbruchkriterium prüfen zu können.

Eine Untersuchung dauert ca. 10-20 Minuten.

5. Auswertung

5.1 Vorbereitung

Zur Auswertung der Untersuchung benötigt man den Untersuchungsbogen (HWL I-VI), einen Stift sowie die Aufzeichnung auf Video- oder Tonbandkassette. Die Auswertung kann vom Untersucher selbst oder von einer anderen Person mit entsprechender klinischer Erfahrung durchgeführt werden. Je nach Komplexität der sprechapraktischen Störung und je nach phonetischer Schulung und klinischer Erfahrung des Hörers benötigt man für eine Auswertung ca. 15 – 30 Minuten. Das Abhören der Aufzeichnungen sollte in einem ruhigen Raum stattfinden, um die auditive Bewertung der Patientenäußerungen nicht durch Störgeräusche zu verfälschen.

5.2 Auditive Analyse

Jedes Wort wird einzeln im Hinblick auf seine Korrektheit in drei verschiedenen Bewertungskategorien (phonetische Struktur, phonematische Struktur, Redefluss) auditiv beurteilt. Zur Bewertung wird eine zweistufige Skala verwendet. Formal würde man die Werte Null und Eins vergeben, d.h. „0“ bedeutet „kein Fehler im Rahmen der befundeten Kategorie“, „1“ bedeutet „ein oder mehrere Fehler innerhalb der befundeten Kategorie“. Um das Ausfüllen des Untersuchungsbogens zu erleichtern, haben wir uns für eine pragmatischere Kennzeichnung der Fehler entschieden: Treten in der bewerteten Kategorie ein oder mehrere Fehler auf, wird das betreffende Feld angekreuzt, bei korrekter Produktion bleibt das Feld leer.

L6: Wörter, dreisilbig, CC

Zielwort	Transkript	PT	PM	RF
'Stechmücke	'ʃ t ɛ ç m ʏ k ə	X		X
Prin'zessin	p r ɪ n 't͜s ɛ s ɪ n	X	X	
Mikros'kop	m i k r o s 'k oː p	X		
Kra'watte	k r aː 'v a t ə		X	X
Poli'zist	p o l i 't͜s ɪ s t	X	X	X
'Schmetterling	'ʃ m ɛ t ɐ l ɪ ŋ	X		X
	Anzahl korrekter Items	1	3	2

verwertbar 6

Abbildung 4: Markieren der Fehler durch Ankreuzen

Es erfolgt keine quantitative Differenzierung der Fehlerzahlen innerhalb eines Wortes und keine Analyse der Fehlerqualität (siehe dazu auch Abschnitt 7.1).

Eine Patientenäußerung kann nicht bewertet werden und wird als *Nullreaktion* gekennzeichnet, wenn

- der Patient keinen Realisationsversuch macht
- Perseverationen auftreten (Wiederholung eines zuvor genannten Items)
- eine semantische Paraphasie geäußert wird (z.B. „Nadel“ statt „Spritze“)
- der Patient mit dem Untersucher zeitgleich mitspricht
- die Reaktion auf den Stimulus eine undifferenzierte lautliche Reaktion ist
- das Zielwort so bruchstückhaft realisiert wird, dass eine differenzierte Bewertung nicht möglich ist (z.B. „pn“ statt „Plattenspieler“).

Tritt eine Nullreaktion auf, kennzeichnet man diese im Untersuchungsbogen, indem man die Felder der drei zu bewertenden Kategorien durchstreicht. Hier soll in Erinnerung gerufen werden, dass nach einmaliger nicht bewertbarer Reaktion eine zweite Vorgabe des Stimulus erfolgen muss. Erst bei erneuter nicht bewertbarer Reaktion wird das Item als Nullreaktion gekennzeichnet.

Jede Patientenäußerung, die nicht unter die Kriterien für „Nullreaktionen“ fällt, wird nun einzeln im Hinblick auf ihre phonetische sowie phonematische Struktur und den Redefluss bewertet.

L4: Wörter, zweisilbig, CC

Zielwort	Transkript	PT	PM	RF
'Blume	Wiese ~~b l uː m ə~~	—	—	—
'Schnecke	ʃ n ɛ k ə			

Abbildung 5: Kennzeichnen einer Nullreaktion im Auswertungsbogen

Phonetische Struktur (PT)

Die Zieläußerung wird im Hinblick auf ihre phonetische „Wohlgeformtheit" beurteilt. Als fehlerhaft werden Realisationen bewertet, bei denen es zu graduellen Veränderungen eines Lautes kommt, die Lautkategorie jedoch erhalten bleibt. Solche Veränderungen können sich zum Beispiel als Lenisierung, Fortisierung, Nasalierung, Denasalierung, Vor- oder Rückverlagerung der Artikulationsstelle etc. zeigen. Wichtig dabei ist, dass die betroffenen Laute nicht mehr dem Phoneminventar des Deutschen zugeordnet werden können, die Äußerung klingt nicht mehr „wohlartikuliert". Zur Prüfung, ob es sich bei einer lautlichen Veränderung um eine phonetische Entstellung handelt, bieten wir folgende „Faustregel" an:

Faustregel: Versuchen Sie, das fehlerhaft realisierte Wort orthografisch zu transkribieren. Lesen Sie sich das Transkript laut vor. Weicht das Resultat auf segmentaler Ebene deutlich von der Äußerung des Patienten ab, versuchen Sie die Abweichung durch eine Veränderung der Schreibweise zu korrigieren und wiederholen Sie die Prüfung. Wenn sich durch orthografische Transkription keine hinreichende Übereinstimmung mit der Patientenäußerung erzielen lässt, ist die Patientenäußerung offensichtlich nicht durch Phoneme der deutschen Sprache reproduzierbar. Bei dem aufgetretenen Fehler handelt sich also um eine *phonetische Entstellung*.

Das Zielwort wird in der Spalte PT mit einem Kreuz markiert, wenn ein oder mehrere phonetische Fehler auftreten.

Tabelle 5: Beispiele für phonetische Fehler

Zielwort	Orthografisches Transkript	Phonetisches Transkript	Fehlerart
Maschine	- nur annäherungsweise möglich -	mãʃĩːnɔ	Nasalierung
Tomate	- nur annäherungsweise möglich -	tʰʰomaːtə	Überaspiration
Polizist	- nur annäherungsweise möglich -	polit͜sːɪst	Lautdehnung

Phonematische Struktur (PM)

Treten innerhalb eines Wortes eine oder mehrere phonematische Paraphasien auf, wird das Feld „PM“ mit einem Kreuz markiert. Unter phonematischen Paraphasien werden wohlartikulierte Lautveränderungen zusammengefasst, die eindeutig einer anderen Lautklasse zugeordnet werden können, d.h. Lautsubstitutionen, -additionen, -vertauschungen oder -elisionen. Die oben angegebene Faustregel für das Erkennen phonetischer Entstellungen lässt sich auch auf phonematische Paraphasien übertragen:

Faustregel: Versuchen Sie, das fehlerhaft realisierte Wort orthografisch zu transkribieren. Lesen Sie sich das Transkript laut vor. Weicht das Resultat (bis auf sprecherspezifische Merkmale) nicht wesentlich von der Äußerung des Patienten ab, so ist die Äußerung offensichtlich *wohlartikuliert*. Bei der Veränderung der Lautform handelt es sich also um eine *phonematische Paraphasie*.

Ein Ziellaut kann sowohl phonetisch als auch phonematisch fehlerhaft sein. In diesem Falle werden beide Kategorien für das betreffende Wort als fehlerhaft bewertet und angekreuzt.

Tabelle 6: Beispiele für phonematische Fehler

Zielwort	Orthografisches Transkript	Phonetisches Transkript	Fehlerart
Kilometer	Kilomelter	kilome:ltɐ	Addition
Leiter	Teiter	ta͜itɐ	Substitution
Schnecke	Schecke	ʃɛkə	Elision
Mikroskop	Mikrospok	mikrospo:k	Metathese

Tabelle 7: Beispiele für phonetisch entstellte phonematische Fehler

Zielwort	Phonetisches Transkript	Art des phonetischen Fehlers	Art des phonematischen Fehlers
Mikroskop	mikrosko:t͜s	Affrizierung	Substitution
Prinzessin	prɪnãt͜sɛsɪn	Nasalierung	Addition

Tabelle 8: Beispiele für gestörten Redefluss (Pause durch ⊙ gekennzeichnet)

Zielwort	Transkript	Fehlerart
Kuh	⊙ Kuh	Erhöhte Antwortlatenz
Doktor	Dok ⊙ tor	Intersilbische Pause
Kilometer	Kilololometer	Silbeniteration
Strümpfe	Schl ⊙ Strümpfe	Fehlversuch/Selbstkorrektur

Redefluss (RF)

Diese Kategorie bezieht sich auf suprasegmentale Störungsmerkmale, die den Redefluss verlangsamen oder unterbrechen. Dazu zählen erhöhte Antwortlatenzen, inter- und intrasilbische Pausen, Laut- und Silbeniterationen, Fehlversuche sowie Selbstkorrekturen. Ist der Redefluss im Rahmen des zu beurteilenden Wortes an einer oder mehreren Stellen auffällig, wird das Feld „RF“ mit einem Kreuz markiert.

Grenzfälle

Phonetisch korrekt oder fehlerhaft?

Verschiedene Therapeuten legen unterschiedliche Kriterien an, wann ein Laut entstellt ist und wann korrekt. Die Beurteilung kann von der phonetischen Schulung des Untersuchers abhängen. Auch die tägliche Arbeit mit meist schwer gestörten Patienten oder erkennbare Fortschritte im Verlauf der Therapie können den Untersucher dazu verleiten, weniger strenge Kriterien in der Bewertung anzulegen.

Prinzipiell gelten die Kriterien der deutschen Standardaussprache. Individuelle z.B. dialektale Varianten müssen, soweit bekannt, jedoch berücksichtigt werden, d.h. Abweichungen von der Standardaussprache sind nicht als Fehler zu werten, wenn sie artikulatorische Eigenheiten des Sprechers sind, die vermutlich bereits prämorbid bestanden haben. Hierzu zählen auch anamnestisch vorbeschriebene erworbene Artikulationsstörungen (z.B. Sigmatismus), ein generell verlangsamtes Sprechen, Poltern oder eine begleitende Stimmstörung.

Entstellung oder Paraphasie?

In einigen Fällen ist es schwer zu entscheiden, ob bei einem fehlerhaften Laut eine kategoriale Veränderung, im Sinne einer Paraphasie oder eine graduelle Veränderung im Sinne einer phonetischen Entstellung vorliegt. In Tabelle 9 werden unterschiedliche Beurteilungen der Wörter „Schokolade“ und „Pyramide“ zweier Hörer dargestellt. Beim Zielwort „Schokolade“ wurde beispielsweise von Hörer 1 (H1) eine Elision des initialen /ʃ/ befundet (phonematische Paraphasie), Hörer 2 (H2) wertete eine phonetische Entstellung, da er das /ʃ/ abgeschwächt gehört hatte. Ähnliche Probleme können auch bei der auditiven Analyse von Vokalen (Längung, Kürzung, Zentralisierung etc.) auftreten. Die Beurteilung kann wiederum von der phonetischen Expertise des Hörers abhängen, aber auch von Faktoren wie Aufmerksamkeit oder Vertrautheit mit der Störung des Patienten oder von technischen Faktoren wie der Tonqualität der Aufnahme oder dem Auftreten von Störgeräuschen beim Abhören.

Entstellung oder entstellte Paraphasie?

Ein ähnliches Problem kann bei phonetisch entstellten Lauten auftreten. Ist ein phonetischer Fehler sehr ausgeprägt, kann die Differenzierung schwer fallen, ob der zugrundeliegende Laut noch der Zielkategorie zuzuordnen ist, oder ob zusätzlich ein Kategorienwechsel stattgefunden hat.

5.3 Weitere Merkmale

Über die itembezogene Bewertung der oben aufgeführten drei Fehlerkategorien hinaus werden für den Gesamttest weitere Merkmale erfasst, die zur Diagnostik und Abgrenzung sprechapraktischer Störungen wichtig sind. Diese Parameter sind *Sprechanstrengung*, *Suchverhalten*, *silbisches Sprechen und veränderter Wortakzent*. Sie werden nicht für jedes Wort einzeln erfasst, da hier ein zuverlässiges Urteil über den Ausprägungsgrad im Einzelfall oft nicht sicher zu treffen ist (so kann beispielsweise ein längeres Wort nur teilweise silbisch gesprochen sein). Die Bewertung dieser Symptome erfolgt mittels vierstufiger Ratingskalen. Die Beurteilung reicht von „0“ (unauffällig) bis „3“ (stark ausgeprägt) und wird auf dem Deckblatt (HWL 1) erfasst.

Sprechanstrengung

Sprechanstrengung ist ein häufig auftretendes Merkmal bei sprechapraktischen Patienten, das schwer zu operationalisieren ist. Dieses Symptom kann sichtbar sein, z.B. in auffälligen Mitbewegungen der mimischen Muskulatur oder in einer Anspannung der Hals- und/oder Gesichtsmuskulatur. Sprechanstrengung kann auch hörbar sein, z.B. in einer Erhöhung der Sprechstimmlage oder einer gepressten Stimmqualität.

Diese Merkmale gehen häufig mit einer erkennbaren Unzufriedenheit des Patienten mit der eigenen Leistung und der Tendenz zu häufigen Selbstkorrekturen einher.

Suchverhalten

Wie bereits angedeutet, spielt in der Diagnostik sprechapraktischer Störungen neben der auditiven Analyse der Lautstruktur der produzierten Äußerungen auch die Beobachtung visueller Merkmale eine Rolle. Ein besonders häufig zu beobachtendes Merkmal, das zum Störungsbild einer Sprechapraxie zählen kann, sind stumme Suchbewegungen. Darunter versteht man ungezielte oder suchende Bewegungen der artikulierenden Organe, die häufig, aber nicht zwingend, mit einer Annäherung an die für den Ziellaut nötige Artikulationsbewegung verbunden sind.

Suchverhalten tritt häufig am Wortanfang oder nach bzw. während einer Pause auf. Nicht selten geht es in ein lautes artikulatorisches Suchen über; dieses würde in der Auswertung zusätzlich als Redefluss-Störung erfasst werden.

Silbisches Sprechen

Das silbische Sprechen (auch „Rastersprechen“ oder „skandierendes Sprechen“) ist charakterisiert durch einen abgehackten, skandierenden Redefluss. Der Eindruck des silbischen Sprechens kann unterschiedliche Ursachen haben. Er kann z.B. durch das Auftreten intersilbischer Pausen, durch Betonung bzw.

Tabelle 9: Probleme bei der Kategorisierung von Fehlern

Zielwort	Transkript H1	Bewertung H1	Transkript H2	Bewertung H2
Schokolade	okola:də	PM	^{ʃ}okola:də	PT
Pyramide	pœrami:də	PM	p^{ʏ}rami:də	PT

Längung von Nebensilben, Silbenisochronie (Haupt- und Nebensilben haben die gleiche Länge) oder eine mangelnde Koartikulation an Silbengrenzen entstehen. Häufig ist dieses Symptom auch mit einer monotonen Stimmlage verbunden.

Diese prosodische Störungskomponente ist häufig mit Sprechapraxie assoziert, stellt aber kein obligatorisches Merkmal dar. Ferner kann von ihrem Ausprägungsgrad nicht auf den Schweregrad der zugrundeliegenden sprechapraktischen Störung geschlossen werden. Silbisches Sprechen ist manchmal auch die Folge einer therapeutisch induzierten Kontrolle des Sprechens.

Veränderter Wortakzent

Der Akzent eines Wortes (oder Satzes) manifestiert sich als Verhältnis von Intensität, Tonhöhe und Länge seiner Silben. Veränderungen dieser Parameter resultieren in einer Veränderung des Wortakzents. Dabei sind verschiedene Fehlermuster möglich: Es kann zu einer Akzentnivellierung kommen, wobei alle Silben gleich betont werden und somit kein Akzent mehr erkennbar ist, zu einer Überakzentuierung oder zu einer fehlerhaften Akzentuierung einer normalerweise unbetonten Silbe. Derartige prosodische Auffälligkeiten sind bei sprechapraktischen Patienten häufig beobachtbar. Sie können allerdings auch bei Dysarthrien auftreten.

6. Testgütekriterien

6.1 Beurteilerübereinstimmung

Nachdem bei der auditiven Befundung der Sprechproben die phonetischen Details der Äußerungen eine wichtige Rolle spielen, stellt sich vor allem die Frage nach der *Auswertungsobjektivität* des Verfahrens. Auditive Verfahren, die auf der Fähigkeit des analytischen Hörens basieren, vor allem das Verfahren der phonetischen Transkription, zeigen meist eine geringe Hörerübereinstimmung (Vieregge & Maassen, 1999). Die auditive Beurteilung der *Hierarchischen Wortlisten* wurde daher so konzipiert, dass sich die Probleme mangelnder Beurteilerübereinstimmung möglichst gering auswirken sollten.

Um dies zu prüfen, wurden Videoaufzeichnungen der HWL-Untersuchungen von sechs Patienten mit unterschiedlichen Störungsmustern und unterschiedlichen Schweregraden ausgewählt (Tabelle 10).

Tabelle 10: Auswahl der Patienten für die Prüfung der Hörerübereinstimmung: Aphasie und Sprechapraxie

Patient	Aphasie	Sprechapraxie
P1	nicht klassifizierbar, minimal	leicht
P2	Restsymptome	mittel bis schwer
P3	Broca, mittel bis schwer	mittel bis schwer
P4	global	schwer
P5	nicht klassifizierbar, leicht	--
P6	Leitungsaphasie, mittel	--

Die Befundung der Videobänder wurde durch die drei Autoren und durch einen vierten Hörer mit klinischer Erfahrung in der Sprechapraxiediagnostik vorgenommen. Die vier Hörer einigten sich in mehreren Vorbesprechungen anhand von Sprechproben anderer Patienten über die Beurteilungskriterien. Die Beurteilungen der Testbänder wurden einzeln in einem ruhigen Raum durchgeführt. Die Reihenfolge der Testbänder war für alle Hörer gleich (P3 – P1 – P4 – P2 – P6 – P5).

In Abbildung 6 sind die Ergebnisse aller Hörer für alle Patienten und alle Variablen dargestellt. Der relative Punktwert von 1 entspricht der maximalen Zahl erreichbarer Punkte für eine Variable. Für die Variable „bewertbare Aufgaben" ist dies die Gesamtzahl von 96 Testaufgaben, für die übrigen Variablen entspricht es der Anzahl bewertbarer Aufgaben eines Patienten.

Die Grafik für die *bewertbaren Aufgaben* (Abb. 6, oben links) zeigt, dass lediglich bei Patient P4 und in geringer Anzahl auch bei Patient P3 Nullreaktionen oder nicht bewertbare Reaktionen auftraten. Diese Aufgaben wurden von allen Hörern mit hoher Übereinstimmung als *nicht bewertbar* eingestuft. Auch für die übrigen Variablen liegen die Werte der vier Hörer bei fast allen Patienten relativ nahe zusammen. Lediglich für Patient P2 zeigte sich insbesondere zwischen zwei Hörern eine geringe Übereinstimmung was den relativen Anteil von phonetischen und phonematischen Fehlern angeht. Die Gesamtzahl der segmentalen Fehler

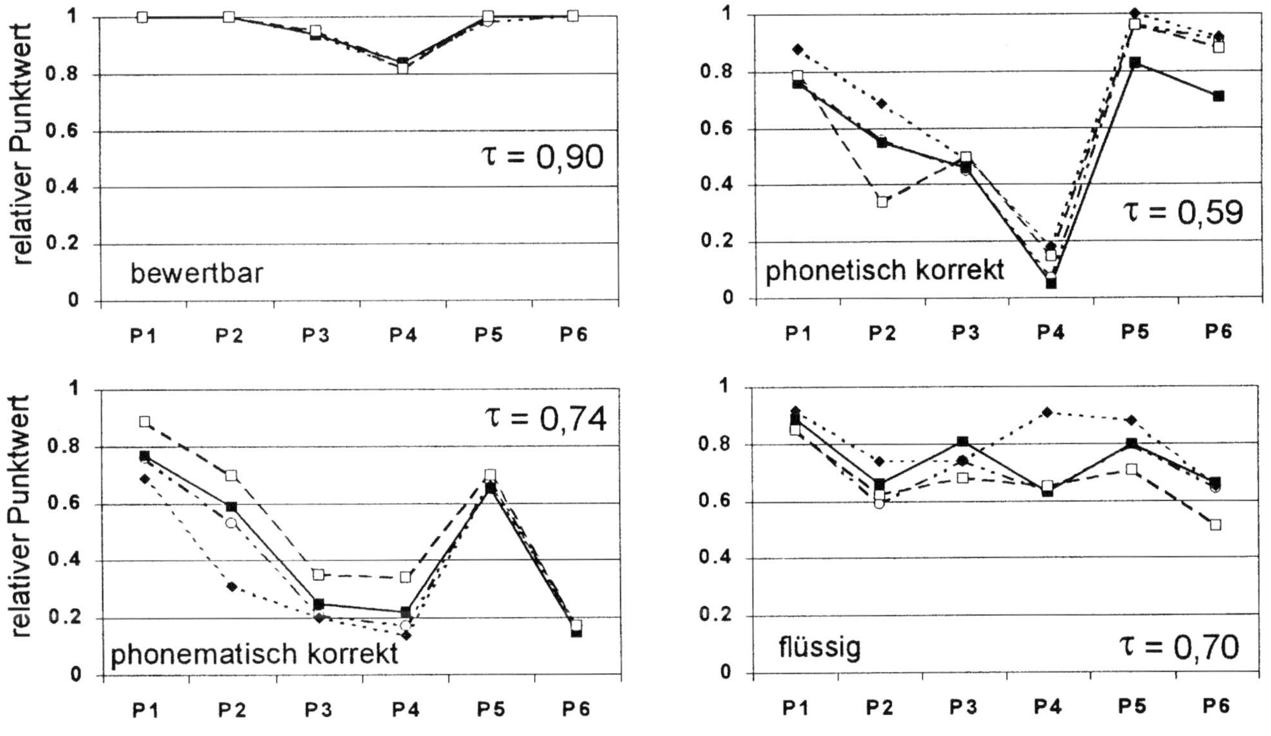

Abbildung 6: Hörerübereinstimmung für die Variablen *bewertbare Aufgaben* (oben links), *phonetisch korrekt* (oben rechts), phonematisch korrekt (unten links) und flüssig (unten rechts). Erläuterungen s. Text.

wurde von diesen beiden Hörern zwar übereinstimmend bewertet; diese wurden jedoch zu unterschiedlichen Teilen als phonetisch oder phonematisch eingestuft[2]. Für die Rangreihenfolge der 6 Patienten ergaben sich daraus allerdings nur geringfügige Konsequenzen.

In jeder Grafik ist als Maß für die Hörerübereinstimmung Kendall's t angegeben. Erwartungsgemäß ergab sich für die *phonetische* Beurteilungsvariable der niedrigste Übereinstimmungskoeffizient. Insgesamt sind diese Werte, die ausnahmslos eine signifikante Übereinstimmung anzeigten, als befriedigend anzusehen.

6.2 Innere Konsistenz

Um die innere Konsistenz der Hierarchischen Wortlisten zu prüfen, wurden in einem *Split-Half-Verfahren* für jeden von insgesamt 58 HWL-Datensätzen sprechapraktischer Patienten getrennte Fehlermittelwerte über geradzahlige und ungeradzahlige Testitems berechnet. Bei diesem Verfahren ist gewährleistet, dass in beiden Mittelwerten die Testaufgaben aller Listen zu gleichen Anteilen berücksichtigt sind.

Die beiden Testhälften wurden anschließend korreliert. Dabei ergaben sich für jede der drei Variablen signifikante Korrelationen:

PT: $r = 0{,}93$, $p < 0{,}001$ ($N = 58$)

PM: $r = 0{,}94$, $p < 0{,}001$ ($N = 58$)

RF: $r = 0{,}90$, $p < 0{,}001$ ($N = 58$).

Die *Hierarchischen Wortlisten* haben somit eine hohe innere Konsistenz.

6.3 Validität

Wortbezogene-Bewertung

Ein erster Validitätsaspekt betrifft die Frage, ob die gewählte Form der wortbezogenen „dichotomen" Bewertung (*richtig – falsch*) geeignet ist, den Schweregrad der Störung abzubilden. Ein Einwand gegen diese Bewertung könnte darin bestehen, dass unterschiedliche Ausprägungsgrade phonetischer oder phonematischer Störungen eines Wortes nicht berücksichtigt werden. Zwei völlig unterschiedliche Realisierungen des selben Wortes, z. B. des Zielwortes „Stechmücke" als

(1) [ʃtɛçmʏtkə] oder als

(2) [tɛf .. ʃmɪtsɐ]

erhalten nach dieser Bewertung den selben Fehlerwert 1, obwohl im ersten Fall nur eine Phonemaddition vorliegt, im zweiten Fall dagegen eine Reihe von phonematischen Fehlern. Um den unterschiedlichen Ausprägungsgrad der Fehler in (1) und (2) adäquat zu erfassen, müssten kleinere Grundeinheiten für die Fehlerzählung, etwa Silben oder Phoneme, gewählt werden. Dies ist aus Gründen der Auswertungsökonomie nicht vorgesehen.

Die Wahl eines wortbezogenen Fehlerbewertungsverfahrens lässt sich dennoch empirisch rechtfertigen. Dazu wurde für eine Stichprobe von 17 Patienten mit Sprechapraxie und / oder Aphasie das hier vorgeschlagene vereinfachte Verfahren mit einem differenzierten, silbenbezogenen Verfahren verglichen. Bei diesem wurde für jede Silbe ein halber Feh-

[2] Dieses Bewertungsproblem wurde in Abschnitt 5.2 (Grenzfälle) beschrieben, Vgl. auch Tabelle 9.

lerpunkt vergeben, wenn der Anfangsrand oder der Reim der Silbe fehlerhaft war (wie in der zweiten Silbe der Realisierung (1) des Wortes „Stechmücke") und ein ganzer Fehlerpunkt, wenn sowohl der Anfangsrand als auch der Reim betroffen war (wie in allen Silben der Realisierung (2) im Beispiel „Stechmücke"). Die Summe der silbenbezogenen Fehlerescores eines Wortes wurde dann durch die Anzahl der Silben dividiert, um einen relativen silbenbezogenen Fehlerwert zu erhalten. In den genannten Beispielen ergibt sich für Realisierung (1) ein Score von 0,17, für Realisierung (2) ein Score von 1,0. Die silbenbezogenen Scores spiegeln den relativen Ausprägungsgrad der Fehler also realistischer wider als der wortbezogene Fehlerwert.

Durch den hierarchischen Aufbau der Wortlisten ist es allerdings wahrscheinlich, dass ein Patient, der multiple Fehler vom Typ (2) produziert, auch bereits „einfachere" Wörter (also ein- oder zweisilbige Wörter mit einfacher CV-Struktur) fehlerhaft realisiert, während Patienten, die eher „leichte" Fehler vom Typ (1) produzieren, in den einfacheren Wortlisten geringere Fehlerzahlen aufweisen. Um dies zu prüfen wurde für jeden Patienten über alle fehlerhaft produzierten Aufgaben ein „mittlerer Ausprägungsgrad" des Fehlers (nach der silbenweisen Zählung) ermittelt. Dieser Wert wurde mit dem Fehlerscore nach der hier vorgeschlagenen wortbezogenen Bewertung korreliert. Die Korrelationskoeffizienten für alle drei Testvariablen (phonetische Form, phonematische Form, Redefluss) lagen über 0,85, was einen hoch signifikanten Zusammenhang anzeigt ($p < 0,001$). Vereinfacht ausgedrückt neigen demnach Patienten, die *viele* Wörter fehlerhaft produzieren, auch dazu, *multiple* Fehler zu machen. Durch den hierarchischen Aufbau des Aufgabenmaterials lässt sich damit die vereinfachte, wortbezogene Form der Fehlerbewertung rechtfertigen.

Konstruktvalidität

Der Konstruktion des Verfahrens liegt eine angenommene Schwierigkeitshierarchie zu Grunde: Pseudowörter sind „schwieriger" als Wörter, lange Wörter sind „schwieriger" als kurze, Wörter mit komplexer Silbenstruktur sind „schwieriger" als solche mit einfachen CV-Silben.

Tabelle 11: Auswahl der Patienten für die Prüfung der Hörerübereinstimmung: Störungen der Spontansprache

Patient	Phonetische Struktur	Phonematische Struktur	Redefluss
P1	leicht gestört	leicht gestört	leicht bis mittelgradig gestört
P2	mittelgradig bis schwer gestört	mittelgradig gestört	schwer gestört
P3	mittelgradig gestört	mittelgradig bis schwer gestört	schwer gestört
P4	schwer gestört	schwer gestört	schwer gestört
P5	minimal gestört	schwer bis mittelgradig gestört	mittelgradig gestört
P6	ungestört	mittelgradig gestört	leicht gestört

Um die Einflüsse dieser Konstruktionsmerkmale zu prüfen, wurden die Ergebnisse von insgesamt N=58 HWL-Untersuchungen sprechapraktischer Patienten analysiert. Über diese Datensätze wurden *Loglineare Analysen* mit den Faktoren *Lexikalität, Silbenzahl* und *Komplexität* durchgeführt. Der Faktor *Komplexität* beeinflusste die Anzahl der korrekten Äußerungen in allen drei Variablen signifikant $\chi^2 = 40$, $p < 0.001$), der Faktor *Silbenzahl* hatte einen signifikanten Einfluss auf die Zahl der phonematischen Paraphasien und den Redefluss ($\chi^2 = 15$, $p < 0.01$) und der Faktor Lexikalität beeinflusste die Zahl der phonematischen Fehler signifikant ($\chi^2 = 15$, $p < 0.01$). Diese Ergebnisse ließen sich durch Varianzanalysen bestätigen.

Abbildung des Schweregrads

Ein letzter Validitätsaspekt betrifft die Frage, ob die Ergebnisse der *Hierarchischen Wortlisten* mit klinischen Schweregradsurteilen übereinstimmen. Eine orientierende Bewertung dieser Frage lässt sich an Hand der in Abbildung 6 dargestellten Daten gewinnen, wenn man die klinische Klassifikation für die sechs ausgewählten Patienten als Außenkriterium heranzieht. Tabelle 11 enthält die Bewertungen für phonetische und phonematische Struktur und für den Redefluss, wie sie sich aus unabhängigen klinischen Befunden für diese Patienten ergeben haben. Die sprechapraktischen Patienten P1 – P4 sind entsprechend dem Schweregrad der Sprechapraxie angeordnet, was sich in Abb. 6 für alle drei Variablen nachvollziehen lässt.

7. Erweiterte Diagnostik

7.1 Therapieorientierte Erweiterungsoptionen in der Auswertung

Die oben beschriebene Auswertungsmethode ist als Screening-Verfahren konzi-

L7: Wörter, viersilbig, CV

Zielwort	Transkript	PT	PM	RF
'Badewanne	PT PM PT 'b a: d ə v a n ə	X	X	
Pyra'mide	RF PM PM PM p y r a 'm i: d ə		X	X
Karosse'rie	PM RF k a r ɔ s ə 'r i:		X	X
'Hängematte	RF RF RF 'h ɛ ŋ ə m a t ə			X
Schoko'lade	RF PT PT/PM ʃ o k o 'l a: d ə	X	X	X
Kilo'meter	PT/PM PM k i l o 'm e: t ɐ	X	X	
	Anzahl korrekter Items	3	1	2
	verwertbar	6		

Abbildung 7: Kennzeichnung der Fehleranzahl und -position mit Zuordnung zu der betreffenden Kategorien

piert und somit dazu geeignet, das Vorhandensein einer Sprechapraxie zu diagnostizieren sowie das Störungsbild zu aphasisch-phonologischen und dysarthrischen Störungen abzugrenzen. Ferner erlaubt sie eine Einschätzung von Schweregrad und Störungsschwerpunkt der Sprechapraxie.

Darüber hinaus bietet sie eine gute Grundlage für eine Verlaufskontrolle, da die Profile aufeinander folgender Untersuchungen miteinander verglichen werden können.

Um eine Basis für die gezielte und individuell an den Patienten angepasste Planung der Therapie zu erhalten, kann die Auswertung um weitere quantitative und qualitative Aspekte ergänzt werden.

Zur Erleichterung einer detaillierteren Bewertung der aufgetretenen Fehler enthalten die Protokollbögen für jedes Wort ein breites phonetisches Transkript des Zielitems. Bei der Bearbeitung dieses Transkriptes gibt es unterschiedliche Optionen, Fehler quantitativ und/oder qualitativ detailgenauer als im Screening-Verfahren zu befunden.

Im Folgenden werden Verwendungsmöglichkeiten der Transkripte dargestellt und deren Wert für die Therapieplanung erläutert:

Die einfachste Form der Erweiterung des Screening-Verfahrens besteht in einer Kennzeichnung der fehlerhaften Laute im Hinblick auf ihre Position im Wort. Dadurch erhält man zusätzlich Aufschluss darüber, ob Fehler bevorzugt in einer bestimmten Position auftreten, z.B. überwiegend initial. Ferner erhält man eine phonem- oder silbenbezogene Fehlerbewertung.

Ferner kann eine zusätzliche Einordnung der gekennzeichneten Fehler in eine Fehlerkategorie erfolgen. So kann beispielsweise eine aufgetretene Entstellung im Transkript über dem phonetisch fehlerhaften Laut mit „PT“ gekennzeichnet werden. Daraus wird zusätzlich er-

L8: Wörter, viersilbig, CC

Zielwort	Transkript	PT	PM	RF
'Klapperschlange	'k l ã pᵐ ɐ̃ tʃ l a ŋ ə (n über l)	X	X	
E'lektriker	e ' l ɛ k t̸ r ɪ k ɐ (darüber: eː ʀ iː)	X	X	
Spekula'tion	tʃ p̸ e k ũ l a ' t s j̸ o: n (n über l)	X	X	
'Plattenspieler	'pʰ l̸ a tᵛ n̩ tʃ p̸ i: l ɐ (e über t)	X	X	
Opti'mismus	ɔ̸ p̸ t̸ i 'm ĩ s̬ m ʊ̃ s̬	X	X	
'Krankenschwester	(k) r a ŋ kᵛ n̩ tʃ v̸ ɛ s t ɐ (e über k)	X	X	
Anzahl korrekter Items		0	0	6

verwertbar: 6

Abbildung 8: Fehlerkennzeichnung durch enge phonetische Transkription und Verwendung von Diakritika

sichtlich, ob in einem Wort mehrere Fehler einer Bewertungskategorie auftreten (Abb. 7).

Die detailgenaueste Bewertung entspräche einer auditiven Fehleranalyse durch Kennzeichnung oder Ersetzung des fehlerhaften Lautes (z.B. über der Transkriptvorgabe) durch enge phonetische Transkription und/oder Verwendung von Diakritika, d.h. Zeichen, die phonetische Besonderheiten kennzeichnen (siehe Anhang). Dieser Auswertungsmodus ist zwar relativ zeitaufwändig, ermöglicht jedoch eine Fehleranalyse nicht nur im Hinblick auf übergeordnete Kategorien, sondern auch auf spezifische Fehlermerkmale, z.B. ein konstantes Auftreten von Nasalierungen, Deaffrizierungen etc. (Abb. 8).

7.2 Erfassung von Wortlängeneffekten

In den Beispielen in Abbildung 3 war zu sehen, dass mit zunehmender Silbenzahl die Anzahl der korrekten Aufgaben ab- und damit die Fehlerzahl zunimmt. Bei dieser Beobachtung spricht man auch von einem *Längeneffekt*. Die Tatsache, dass längere Wörter fehleranfälliger sind als kürzere gilt als Kennzeichen für Fehler, die *nach* dem lexikalischen Zugriff, also bei der phonologischen oder phonetischen Enkodierung von Wörtern auftreten: je mehr Einheiten (Phoneme, Silben) zu enkodieren sind, desto größer ist die Wahrscheinlichkeit, dass dabei ein Fehler auftritt.

Fehler, die unmittelbar mit dem lexikalischen Zugriff zu tun haben, zeigen dagegen oft keinen oder sogar einen negativen Längeneffekt: da kürzere Wörter im Lexikon meistens mehr „phonologische Nachbarn" haben als längere Wörter, kann es beim Zugriff auf ein kurzes Wort auch eher zu einem Fehler kommen (Best, 1995). Auch bei der auditiven Verarbeitung eines vorgesprochenen Wortes können kurze Wörter, wegen der größeren Anzahl phonologischer Nachbarn, fehleranfälliger sein als lange. Die Beobachtung eines Längeneffektes wie in Abb. 3 hat demnach also eine wichtige differenzialdiagnostische Bedeutung.

Allerdings ist die Aussagekraft der Beobachtung eines Längeneffektes nicht sehr groß, da – vorausgesetzt die Fehler sind „postlexikalisch" verursacht - mit zunehmender Wortlänge die statistische Wahrscheinlichkeit für das Auftreten eines Fehlers ohnehin zunimmt. Wenn z.B. die Silbe bei der phonologischen oder phonetischen Enkodierung eine Rolle spielt, so ist die Wahrscheinlichkeit, in einem zweisilbigen Wort einen Fehler zu machen, höher als die Wahrscheinlichkeit für einen Fehler in einem einsilbigen Wort: das zweisilbige Wort ist fehlerhaft, wenn entweder nur die erste oder nur die zweite oder beide Silben fehlerhaft produziert werden. Man kann die Fehlerwahrscheinlichkeiten mehrsilbiger Äußerungen auf Grund dieser Überlegung aus den Fehlerwahrscheinlichkeiten für einsilbige Wörter berechnen.

Abbildung 9 zeigt diesen Zusammenhang für die ein- und zweisilbigen Items der HWL schematisch. Dabei ist der Punktwert für die vier einsilbigen Listen (maximal 24 Punkte) auf der waagrechten Achse und der Punktwert für die vier zweisilbigen Listen auf der senkrechten Achse dargestellt. Die gekrümmte Linie beschreibt, wie sich die Punktwerte zu einander verhalten müssen, wenn die Zahl der korrekten zweisilbigen Wörter dem statistisch erwarteten Wert aus den

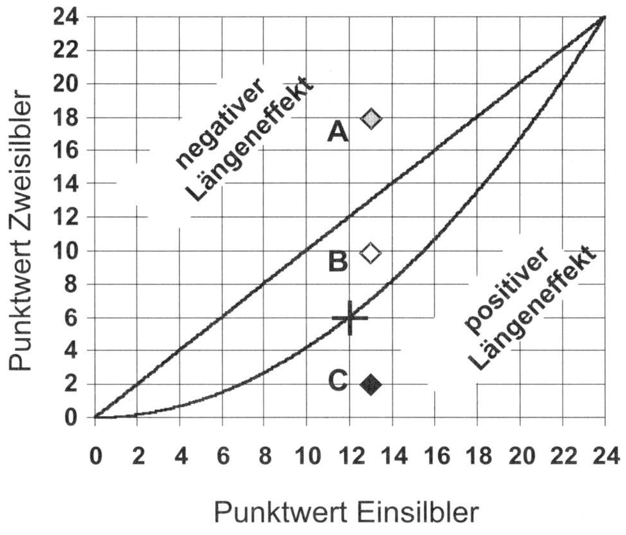

Abbildung 9: Schematische Darstellung der Punktwerteverteilung für unterschiedliche Längeneffekte bei ein- und zweisilbigen HWL-Items. A, B und C repräsentieren die Punktwerte für drei prototypische Patienten (s. Text)

Ergebnissen für die einsilbigen Wörter entspricht. Ein Patient, der beispielsweise die Hälfte aller einsilbigen Wörter korrekt ausspricht (Punktwert 12 auf der waagrechten Achse), würde nach der statistischen Vorhersage nur ein Viertel aller zweisilbigen Wörter korrekt produzieren (Punktwert 6 auf der senkrechten Achse; s. Markierung + in Abb. 9). Bei diesem Patienten könnte man im strengen Sinne nicht davon sprechen, dass ihm die Wortlänge besondere Schwierigkeiten macht, da er – bezogen auf einzelne Silben – sich in den einsilbigen und den zweisilbigen Listen gleich verhält. Ein Längeneffekt in diesem strengen Sinne könnte nur dann festgestellt werden, wenn dieser Patient auf den zweisilbigen Wörtern weniger als 6 Punkte erhält.

In Abbildung 9 wird daher nach drei verschiedenen möglichen Kombinationen von Testwerten unterschieden: Werten, die einen echten *negativen* Längeneffekt zeigen, bei denen also längere Wörter absolut höhere Punktwerte erhalten als kürzere Wörter. Die Punktwerte dieser Patienten fallen in die linke obere Ecke von Diagramm 9, wie zum Beispiel Patient A mit 13 Punkten für einsilbige und 18 Punkten für zweisilbige Items. Ein solches Ergebnis könnte beispielsweise für einen Patienten typisch sein, der auf Grund von Problemen der auditiven Verarbeitung der vorgesprochenen Wörter viele Verwechslungen mit phonologischen Nachbarn aufweist (z.B. *Dach* → *Fach*). Bei längeren Wörtern sind solche Verwechslungen weniger wahrscheinlich.

Umgekehrt zeigen Patienten, die unterhalb der gekrümmten Linie liegen, einen echten positiven Längeneffekt, wie zum Beispiel Patient C mit Punktwerten von 13 (einsilbig) bzw. 2 (zweisilbig). Ein Patient mit einer solchen Wertekombination hat also spezifische Schwierigkeiten mit der Produktion mehrsilbiger Wörter, die über die rein statistische Fehlerzunahme hinaus gehen. Ein Problem dieses Patienten könnte darin liegen, die artikulatorischen Übergänge zwischen aufeinander folgenden Silben zu realisieren oder längere Pseudowörter im Arbeitsspeicher zu behalten.

Ein dritter Bereich in Abbildung 9 befindet sich zwischen der Diagonalen, die gleiche Fehlerzahl von ein- und zweisilbigen Items anzeigt, und der gekrümmten Linie, die den statistisch erwarteten Zusammenhang zwischen den HWL-Testwerten von ein- und zweisilbigen Items repräsentiert. Patienten mit Testwerten in diesem Bereich, wie etwa Patient B, machen zwar bei den zweisilbigen Items mehr Fehler als bei den einsilbigen, aber nicht so viele Fehler, wie man erwarten könnte. Patient B beispielsweise hat in den einsilbigen Listen 13, in den zweisilbigen nur 10 von 24 Items korrekt gebildet. Im Grunde profitiert dieser Patient von der zunehmenden Wortlänge, da er mehr zweisilbige Items korrekt produziert als wir auf Grund seines Testwerts für die einsilbigen Items erwarten würden (ca. 7). Sein Hauptproblem könnte beispielsweise in der Initiierung eines Wortes bestehen, unabhängig von der Wortlänge. Durch das Auftreten zusätzlicher Silben in einem Wort erhöht sich bei diesem Patienten die Fehlerwahrscheinlichkeit daher nur geringfügig. Aus diesem Grund zeigt sich nur ein schwacher positiver Längeneffekt, unterhalb der statistisch erwartbaren Fehlerzunahme.

Der Sachverhalt, der in Abbildung 9 nur für den Zusammenhang von ein- und zweisilbigen Items dargestellt wurde, lässt sich auch auf die drei- und viersilbigen Items der *Hierarchischen Wortlisten* ausdehnen. Abbildung 10 zeigt die Werteschemata für den Vergleich aller mehrsilbigen Items mit den einsilbigen. In diese Schemata können – für jede Testvariable separat, die Testwerte aus den ein-, zwei-, drei- und viersilbigen Listen übertragen werden, um für einen Patienten die Auswirkungen der Wortlänge auf die Zahl der phonetischen und phonematischen Fehler und auf die Redeflussstörung abzuschätzen. Der in Abb. 10 eingetragene Patient zeigt mit zunehmender Silbenzahl einen zunehmend deutlichen Längeneffekt für alle drei Testvariablen der *HWL*.

Das Schema aus Abb. 10 findet sich auch als Kopiervorlage im Anhang.

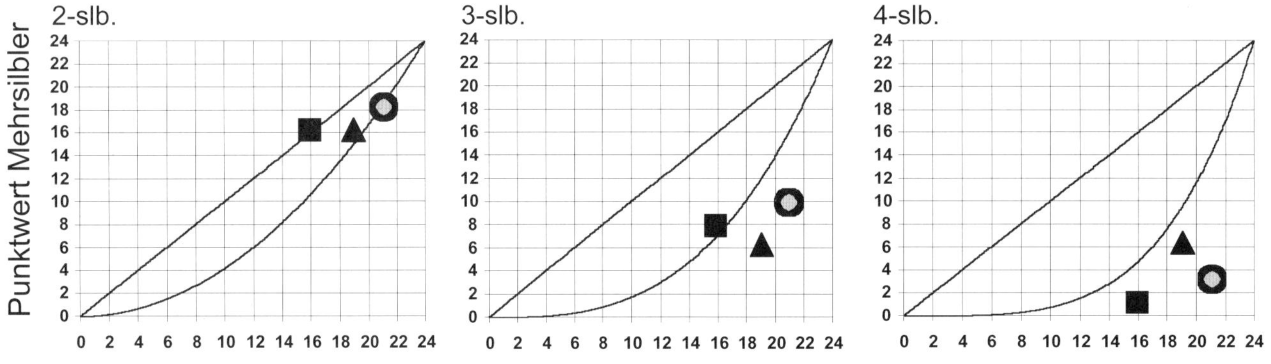

Abbildung 10: Schema für den Vergleich der Punktwerte für einsilbige (waagrecht) mit mehrsilbigen Testaufgaben (senkrecht) der HWL. Punkte unterhalb der gekrümmten Linie zeigen einen starken positiven Längeneffekt an, Punkte oberhalb der Diagonalen einen negativen Längeneffekt. Als Beispiel für einen Patienten mit Sprechapraxie sind die Werte für die Variablen PM (Quadrat), PT (Dreieck) und RF (Kreis) eingetragen. Erklärungen s. Text. Vgl. auch Abbildung 9. Das Schema ist als Kopiervorlage im Anhang abgedruckt.

8. Anwendungsbeispiele

Abschließend soll an zwei Beispielen illustriert werden, wie Therapiekonzept und -verlauf anhand der *Hierarchischen Wortlisten* geplant und strukturiert werden können und welche Interpretationen die Ergebnisse in Bezug auf das klinische Störungsbild zulassen. Die beiden beschriebenen Patientinnen, MK und VD, nahmen an einer Therapiestudie teil (Brendel, & Ziegler, 2001) und wurden zur Eingangs-, Verlaufs- und Abschlussdiagnostik mit den *hierarchischen Wortlisten* untersucht. Die dargestellten Ergebnisse beziehen sich auf drei Untersuchungszeitpunkte zu Beginn (U_1), nach vier bzw. sechs Wochen Therapie (U_2) sowie nach Abschluss der Therapie (U_3) weitere vier Wochen später.

Patientin VD

Patientin VD, Hausfrau und Mutter, war zu Beginn der Therapie 36 Jahre alt. Sie hatte zwei Monate vor Beginn der Therapiestudie einen ausgedehnten Mediaterritorialinfarkt links erlitten, nach posttraumatischer Dissektion der ACI links sowie der A. vertebralis links nach einem Treppensturz. Im MRT zeigten sich Läsionen der gesamten Insel und der lateralen Zentralregion, des temporo-parietalen Übergangs sowie des hinteren Parietallappens.

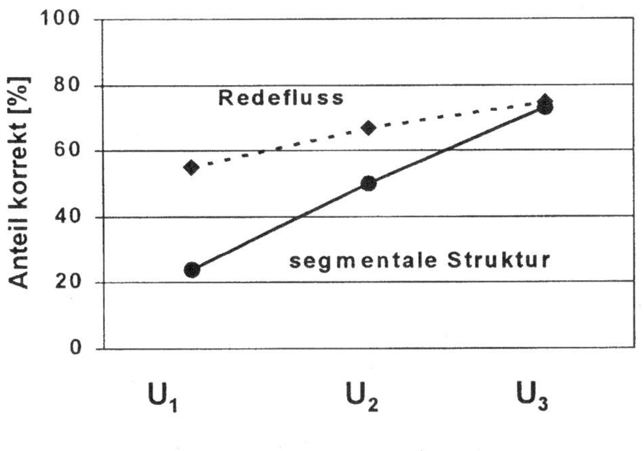

Abbildung 11: Fallbeispiel VD: Therapieverlauf illustriert anhand von 3 HWL- Untersuchungen

Zu Therapiebeginn bestanden eine schwere Broca-Aphasie sowie eine schwere Sprechapraxie und eine bukkofaziale Apraxie.

In den *Hierarchischen Wortlisten* produzierte VD zum ersten Untersuchungszeitpunkt (U_1) auf segmentaler Ebene (phonetische und phonematische Struktur zusammengefasst) 23% der nachgesprochenen Wörter korrekt. Bei 55 % der realisierten Wörtern war der Redefluss unauffällig. Nach vier Wochen intensiver Therapie (4-5 Therapieeinheiten à 50 Minuten pro Woche) hatte sich in der Verlaufskontrolle (U_2) der Anteil an segmental korrekt produzierten Wörtern auf 50 % erhöht, bereits bei 67 % der realisierten Wörter gab es keine Auffälligkeiten im Redefluss mehr. Nach einem weiteren Therapieintervall von vier Wochen waren in der Abschlussdiagnostik (U_3) 72% der realisierten Wörter segmental fehlerfrei, sowie 75 % im Redefluss ungestört.

Zu Therapiebeginn entsprach das klinische Bild dem einer schweren Sprechapraxie mit Störungsschwerpunkt auf Lautebene. Die spontane Sprachproduktion beschränkte sich auf Einzelwörter, die stets lautlich verändert und dadurch häufig nicht verständlich waren. Zum Zeitpunkt der Entlassung lag noch eine leichte bis mittelgradige Sprechapraxie vor, wobei die segmentale und die suprasegmentale Ebene annähernd gleichermaßen betroffen waren. VD konnte kurze Sätze mit leichter Anstrengung produzieren und war stets gut verständlich, wenn auch teilweise noch verlangsamt und mit wenigen Fehlern auf Lautebene.

Somit bilden die Testdaten das klinische Bild der Sprechapraxie und dessen Veränderung im Therapieverlauf in valider Weise ab.

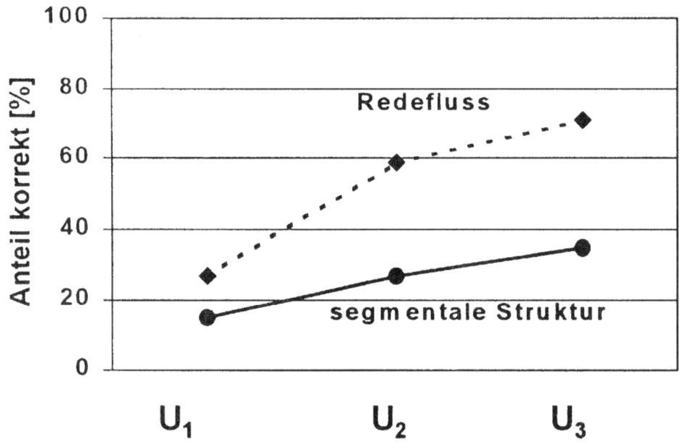

Abbildung 12: Fallbeispiel MK: Therapieverlauf illustriert anhand von 3 HWL- Untersuchungen

Die deutliche Abnahme von phonematischen Paraphasien und phonetischen Entstellungen (segmentale Fehler) im Verlauf der Therapie (vgl. 23 % vs. 72 % segmental korrekte Wörter) wirkte sich in der Spontansprache äußerst positiv auf die Verständlichkeit aus. Die leichte bis mittelgradige Verbesserung des Redeflusses (vgl. 55% vs. 75 % flüssig realisierte Wörter in den HWL) trug in der Spontansprache durch eine flüssigere Sprachproduktion zu einer natürlicheren Sprechweise bei. Insgesamt konnte durch die Therapie der schnellere und sicherere Zugriff auf Laute, Lautverbindungen und Wörter gefördert, sowie die Flüssigkeit der Sprachproduktion gesteigert werden. Diese Fortschritte konnten anhand der Verlaufsdiagnostik mit den *Hierarchischen Wortlisten* gut dokumentiert und veranschaulicht werden.

Patientin MK

Patientin MK, Hausfrau und Mutter, war zu Beginn der Therapie 61 Jahre alt. Das Ereignis, ein Mediateilinfarkt links nach ACI Stenose links, lag zum ersten Untersuchungszeitpunkt (U_1) zwei Monate zurück. Zu Beginn der Therapie hatte MK Restsymptome einer Aphasie (Schwerpunkt Schriftsprache), eine schwere Sprechapraxie sowie eine bukkofaziale Apraxie.

In der Eingangsdiagnostik (U_1) mit den *Hierarchischen Wortlisten* produzierte MK nur 14 % der Wörter segmental korrekt, sowie 27 % mit unauffälligem Redefluss. Nach einem sechswöchigen Therapieintervall (4-5 Therapieeinheiten à 50 Minuten pro Woche) hatten sich der Anteil segmental korrekt gebildeter Wörter auf 28 %, der Anteil an flüssig produzierten Items auf 59 % erhöht (U_2). Nach weiteren vier Wochen Therapie waren zum Entlassungszeitpunkt (U_3) 35 % der realisierten Wörter in der Lautbildung korrekt, 71 % wiesen einen ungestörten Redefluss auf.

Zu Beginn der Therapie entsprach das klinische Bild dem einer schweren Sprechapraxie mit schwer gestörter Lautbildung und ebenso deutlichen Problemen im Redefluss. MK kommunizierte in kurzen, vollständigen Sätzen, wobei sie meist gut verständlich war. Die Spontansprache war jedoch gekennzeichnet durch eine deutliche Verlangsamung, eine ausgeprägte Sprechanstrengung, sowie sehr viele segmentale Fehler, meist im Rahmen von Fehlversuchen und

Selbstkorrekturen. Dieses klinische Bild wurde in den Untersuchungsergebnissen (U_1) der *Hierarchischen Wortlisten* gut abgebildet. Im Verlauf der zehnwöchigen Therapie nahmen die segmentalen Auffälligkeiten zwar kontinuierlich ab, die Dynamik war jedoch eher gering (14% vs. 35 % korrekt gebildeter Wörter). Eine deutlichere Verbesserung zeigte sich dagegen im Bereich des Redeflusses mit einer Reduzierung der unflüssig produzierten Wörter um über 40 %. Zum Entlassungszeitpunkt bot sich das klinische Bild einer mittelgradigen Sprechapraxie mit nach wie vor deutlich beeinträchtigter Lautstruktur, jedoch erheblich verbessertem Redefluss. Insgesamt hatte MK in der Therapie u.a. gelernt, auch lautlich fehlerhafte Wörter zu akzeptieren und unkorrigiert zu lassen, so dass sich die Sprechanstrengung deutlich verringert und die Flüssigkeit der Sprachproduktion erheblich gebessert hatte. Es traten zuletzt wesentlich weniger Fehlversuche und Selbstkorrekturen auf, was einen natürlicheren Redefluss ermöglichte. Die Spontansprache war weiterhin von segmentalen Fehlern gekennzeichnet, jedoch durchgängig gut verständlich. Diese klinisch beobachtbaren Veränderungen im Therapieverlauf konnten mit den *Hierarchischen Wortlisten* gut quantifiziert und abgebildet werden.

Vergleicht man die dargestellten Verläufe, so wird ersichtlich, dass beide Patientinnen initial als schwer sprechapraktisch klassifiziert wurden und von der acht- bzw. zehnwöchigen Therapie gut profitieren konnten. Die Störungsmuster waren zu Beginn der Therapie individuell verschieden. Die jeweiligen Störungsschwerpunkte (segmental vs. suprasegmental) wurden durch die *Hierarchischen Wortlisten* valide erfasst. Auf dieser diagnostischen Grundlage wurden für die beschriebenen Patientinnen unterschiedliche Therapiekonzepte erstellt. Beide Patientinnen hatten anfangs deutliche Auffälligkeiten in der Lautbildung, wobei VD einen vergleichsweise wenig gestörten Redefluss aufwies, MK hingegen auch auf suprasegmentaler Ebene erhebliche Probleme hatte. MK profitierte deutlich mehr von einer Förderung des Redeflusses als von der Erarbeitung eines korrekteren Lautzugriffs. Über den gesamten Therapieverlauf betrachtet zeigte sich, ausgehend von zwei annähernd *gleich* beeinträchtigten Teilbereichen, eine leichte Dynamik auf der segmentalen Ebene und eine deutliche Dynamik im Redefluss, so dass sich zum Entlassungszeitpunkt aus einer anfangs allgemein schweren Störung eine mittelgradige Beeinträchtigung mit einem Störungsschwerpunkt auf *segmentaler* Ebene entwickelt hatte.

Ein genau entgegengesetzter Verlauf ist bei VD zu beobachten. Initial lag eine schwere Sprechapraxie mit deutlichem Störungsschwerpunkt auf segmentaler Ebene vor. Durch Auswahl der geeigneten Methoden konnte VD im Therapieverlauf entscheidend von der Behandlung des gestörten Zugriffs auf Laute und Lautverbindungen profitieren, wohingegen die Dynamik im Bereich *Redefluss* vergleichsweise gering war. Die unterschiedliche Gewichtung der Therapiemethoden in Bezug auf die zwei Störungskomponenten führte zu einer Annäherung von segmentalem und suprasegmentalem Leistungsniveau bei Therapieende, so dass kein spezifischer Störungsschwerpunkt mehr auszumachen war.

Neben der bereits erläuterten Möglichkeit einer systematischen Erfolgskontrolle in der Therapie sollen diese Beispiele auch verdeutlichen, wie wichtig eine gezielte Diagnostik als Grundlage für eine individuell angepasste Therapie ist. Therapieplanung umfasst sowohl die Eingangsuntersuchung zur Festlegung einer Therapiemethode für ein Therapieintervall, wie auch eine regelmäßige Verlaufsdiagnostik zur Erfolgskontrolle der gewählten Methode(n) und gegebenenfalls eine Variation therapeutischer Ansätze je nach Effizienz und Verlauf.

Literatur

Best, W. (1995). A reverse length effect in dysphasic naming: when elephant is easier than ant. *Cortex, 31*, 637-652.

Brendel, B. & Ziegler, W. (2001). Articulatory synchronisation in the treatment of apraxia of speech. In: *B. Maassen, W. Hulstijn, R. D. Kent, H. F. M. Peters, & P. H. H. M. van Lieshout* (Eds.), *Speech Motor Control in Normal and Disordered Speech* (pp. 175-177). Nijmegen: Uitgeverij Vantilt.

Dronkers, N. F. (1996). A new brain region for coordinating speech articulation. *Nature, 384*, 159 - 161.

Engl-Kasper, E. M. (1993). Verfahren zur Therapie der Sprechapraxie bei aphasisch-apraktischen Patienten. *Neurolinguistik, 7*, 69 - 89.

Glindemann, R., Ziegler, W. & Kilian, B. (2002). Aphasie und Kommunikation. In: *G. Goldenberg, J. Pössl, W. Ziegler* (Hrsg.), *Neuropsychologie im Alltag* (S. 78-97). Thieme, Stuttgart.

Huber, W., Poeck, K., Weniger, D., & Willmes, K. (1983). *Aachener Apasie Test (AAT)*. Göttingen: Hogrefe.

IPA (1999). *Handbook of the International Phonetic Association*. Cambridge: Cambridge University Press

Kent, R. D., Kent, J. F., Duffy, J. R., Thomas, J. E., Weismer, G., & Stuntebeck, S. (2000). Ataxic dysarthria. *Journal of Speech, Language, and Hearing Research, 43*, 1275-1289.

Liepold, M. (1998). *Ein Beitrag zur Diagnostik von Nachsprechleistungen bei hirngeschädigten Patienten: Entwicklung der Auswertungsmethode eines Nachsprechtests zur Sprechapraxie-Diagnostik*. Magisterarbeit. Lehrstuhl für Sprachbehindertenpädagogik. Ludwig-Maximilians-Universität München.

Mangold, M. (2001). *Die Untersuchung der Kommunikationsfähigkeit bei hirngeschädigten Patienten mit einer schweren expressiven Sprach- und Sprechstörung*. Magisterarbeit. Institut für Phonetik und Sprachliche Kommunikation - Sprechwissenschaft und Psycholinguistik. Ludwig-Maximilians-Universität München.

Odell, K., McNeil, M., Rosenbek, J. C., & Hunter, L. (1990). Perceptual characteristics of consonant production by apraxic speakers. *Journal of Speech and Hearing Disorders, 55*, 345-359.

Romani, C. & Calabrese, A. (1998). Syllabic constraints in the phonological errors of an aphasic patient. *Brain and Language, 64*, 83-121.

Seddoh, S. A. K., Robin, D. A., Sim, H.-S., Hageman, C., Moon, J. B., & Folkins, J. W. (1996). Speech timing in apraxia of speech versus conduction aphasia. *Journal of Speech and Hearing Research, 39*, 590-603.

Shallice, T., Rumiati, R. I., & Zadini, A. (2000). The selective impairment of the phonological output buffer. *Cognitive Neuropsychology, 17*, 517-546.

Square-Storer, P. (1987). *Acquired apraxia of speech*. London: Taylor & Francis

Vieregge, W. H. & Maassen, B. (1999). extIPA transcriptions of consonants and vowels spoken by dyspractic children: agreement and validity. In: *B.*

Maassen & P. Groenen (Eds.), *Pathologies of Speech and Language. Advances in Clinical Phonetics and Linguistics* (pp. 275-284). London: Whurr.

Ziegler, W. (2002a). Psycholinguistic and motor speech models of apraxia of speech. *Seminars in Speech and Language, 23*, 231-243.

Ziegler, W. (2002b). Zerebrale Sprechstörungen. In: H.-O. Karnath, P. Thier (Hrsg.), *Neuropsychologie* (405-414). Heidelberg: Springer.

Ziegler, W. (2003). Speech motor control is task-specific. Evidence from dysarthria and apraxia of speech. *Aphasiology,17,* 3-36.

Anhang

1. **HWL-Untersuchungsbogen**
2. **10-Punkte-Checkliste**
3. **Liste phonetischer Transkriptionszeichen**
4. **Schema zur Veranschaulichung von Längeneffekten**

1. HWL-Untersuchungsbogen

Hierarchische Wortlisten (HWL)

Name: ____________________ Testdatum: ____________________

Med. Diagnose: ____________ Zeitpunkt der Schädigung: ________

Untersucher: ______________ Erst-/Verlaufs-/Abschlußdiagnostik

Assoziierte Störungen

	Störungsbild	Schweregrad
Aphasie		leicht/mittel/schwer
Dysarthrie		leicht/mittel/schwer
Bukkofaziale Apraxie		leicht/mittel/schwer
Hörstörung		leicht/mittel/schwer

Nachsprechen HWL

Bemerkungen zu Durchführung und Auswertung

____

____

____

____

Zusammenfassende Bewertung

____

____

____

Quantitative Auswertung

Wörter

Liste Nr.	n	PT	PM	RF
1 CV 1				
2 CC 1				
3 CV 2				
4 CC 2				
5 CV 3				
6 CC 3				
7 CV 4				
8 CC 4				
Σ (n=48)				

Pseudowörter

Liste Nr.	n	PT	PM	RF
9 CV 1				
10 CC 1				
11 CV 2				
12 CC 2				
13 CV 3				
14 CC 3				
15 CV 4				
16 CC 4				
Σ (n=48)				

n (Anzahl verwertbare Items):	
PT (phonetisch korrekt):	

PM (phonematisch korrekt):	
RF (Redefluss ungestört):	

Qualitative Auswertung/weitere Merkmale

Sprechanstrengung |____|____|____|
0 3

Suchverhalten |____|____|____|
0 3

Silbisches Sprechen |____|____|____|
0 3

Veränderter Wortakzent |____|____|____|
0 3

0: unauffällig; 3: stark ausgeprägt

L1: Wörter, einsilbig, CV

Zielwort	Transkript	PT	PM	RF
Tee	t eː			
Kuh	k uː			
Baum	b a͜u m			
Ring	r ɪ ŋ			
Schaf	ʃ aː f			
Dach	d a x			
	Anzahl korrekter Items			

verwertbar

L3: Wörter, zweisilbig, CV

Zielwort	Transkript	PT	PM	RF
'Auge	a͜u g ə			
'Möwe	m øː v ə			
'Decke	d ɛ k ə			
'Fische	f ɪ ʃ ə			
'Kissen	k ɪ s n̩			
'Leiter	l a͜i t ɐ			
	Anzahl korrekter Items			

verwertbar

L2: Wörter, einsilbig, CC

Zielwort	Transkript	PT	PM	RF
Wald	v a l t			
Netz	n ɛ t͜s			
Frosch	f r ɔ ʃ			
Knecht	k n ɛ ç t			
Schmuck	ʃ m ʊ k			
Kranz	k r a n t͜s			
	Anzahl korrekter Items			

verwertbar

L4: Wörter, zweisilbig, CC

Zielwort	Transkript	PT	PM	RF
'Blume	b l uː m ə			
'Schnecke	ʃ n ɛ k ə			
'Doktor	d ɔ k t ɔ͜ɐ			
'Künstler	k ʏ n s t l ɐ			
'Pflaster	p f l a s t ɐ			
'Strümpfe	ʃ t r ʏ m p f ə			
	Anzahl korrekter Items			

verwertbar

HWL II

L5: Wörter, dreisilbig, CV

Zielwort	Transkript	PT	PM	RF
Ma'schine	m a 'ʃ iː n ə			
Kapi'tän	k a p i 't ɛː n			
'Sellerie	'z ɛ l ə r iː			
To'mate	t o 'm aː t ə			
Batte'rie	b a t ə 'r iː			
'Kakadu	'k a k a d u			
	Anzahl korrekter Items			
			verwertbar	

L7: Wörter, viersilbig, CV

Zielwort	Transkript	PT	PM	RF
'Badewanne	'b aː d ə v a n ə			
Pyra'mide	p y r a 'm iː d ə			
Karosse'rie	k a r ɔ s ə 'r iː			
'Hängematte	'h ɛ ŋ ə m a t ə			
Schoko'lade	ʃ o k o 'l aː d ə			
Kilo'meter	k i l o 'm eː t ɐ			
	Anzahl korrekter Items			
			verwertbar	

L6: Wörter, dreisilbig, CC

Zielwort	Transkript	PT	PM	RF
'Stechmücke	'ʃ t ɛ ç m ʏ k ə			
Prin'zessin	p r ɪ n 't͜s ɛ s ɪ n			
Mikros'kop	m i k r o s 'k oː p			
Kra'watte	k r aː 'v a t ə			
Poli'zist	p o l i 't͜s ɪ s t			
'Schmetterling	'ʃ m ɛ t ɐ l ɪ ŋ			
	Anzahl korrekter Items			
			verwertbar	

L8: Wörter, viersilbig, CC

Zielwort	Transkript	PT	PM	RF
'Klapperschlange	'k l a p ɐ ʃ l a ŋ ə			
E'lektriker	e 'l ɛ k t r ɪ k ɐ			
Spekula'tion	ʃ p e k u l a 't͜s i̯ oː n			
'Plattenspieler	'p l a t n̩ ʃ p iː l ɐ			
Opti'mismus	ɔ p t i 'm i s m ʊ s			
'Krankenschwester	'k r a ŋ k n̩ ʃ v ɛ s t ɐ			
	Anzahl korrekter Items			
			verwertbar	

L9: Pseudowörter, einsilbig, CV

Zielwort	Transkript	PT	PM	RF
Töh	t ø:			
Keh	k e:			
Beum	b ɔ͜ɪ m			
Rung	r ʊ ŋ			
Schoof	ʃ o: f			
Duch	d ʊ x			
	Anzahl korrekter Items			

verwertbar

L11: Pseudowörter, zweisilbig, CV

Zielwort	Transkript	PT	PM	RF
'Eige	'a͜i g ə			
'Muwe	'm u: v ə			
'Dücke	'd ʏ k ə			
'Fosche	'f ɔ ʃ ə			
'Kässer	'k ɛ s ɐ			
'Läuter	'l ɔ͜y t ɐ			
	Anzahl korrekter Items			

verwertbar

L10: Pseudowörter, einsilbig, CC

Zielwort	Transkript	PT	PM	RF
Wult	v ʊ l t			
Nitz	n ɪ t͜s			
Frasch	f r a ʃ			
Knucht	k n ʊ x t			
Schmick	ʃ m ɪ k			
Krönz	k r œ n t͜s			
	Anzahl korrekter Items			

verwertbar

L12: Wörter, zweisilbig, CC

Zielwort	Transkript	PT	PM	RF
'Blöhme	'b l ø: m ə			
'Schnicke	'ʃ n ɪ k ə			
'Diktar	'd i k t ɑ͜ɐ			
'Känstler	'k ɛ n s t l ɐ			
'Pfluster	'p f l ʊ s t ɐ			
'Strompfel	'ʃ t r ɔ m p f l̩			
	Anzahl korrekter Items			

verwertbar

L13: Pseudowörter, dreisilbig, CV

Zielwort	Transkript	PT	PM	RF
Mo'schane	m o ' ʃ a: n ə			
Kupo'tan	k u p o ' t ɑ: n			
'Sullarie	' z ʊ l a r i:			
Ti'mute	t i ' m u: t ə			
Butte'rei	b ʊ t ə ' r a͜i:			
'Kickidau	' k i k i d a͜u			
	Anzahl korrekter Items			

verwertbar

L15: Pseudowörter, viersilbig, CV

Zielwort	Transkript	PT	PM	RF
'Büdewimme	' b y d ə v ɪ m ə			
Piru'möde	p i r u ' m ø: d ə			
Küreiße'rie	k y r a͜i s ə ' r i:			
'Hingemotte	' h i ŋ ə m ɔ t ə			
Schuka'lode	ʃ ʊ k a ' l o: d ə			
Koli'möter	k o l i ' m ø: t ɐ			
	Anzahl korrekter Items			

verwertbar

L14: Pseudowörter, dreisilbig, CC

Zielwort	Transkript	PT	PM	RF
'Stochmäcke	' ʃ t ɔ x m ɛ k ə			
Pran'zussing	p r a n ' t͜s ʊ s ɪ ŋ			
Mäkris'kup	m ɛ k r ɪ s ' k u: p			
Kri'wotte	k r i ' v ɔ t ə			
Pule'zost	p ʊ l ə ' t͜s ɔ s t			
'Schnüfferling	' ʃ n ʏ f ɐ l ɪ ŋ			
	Anzahl korrekter Items			

verwertbar

L16: Pseudowörter, viersilbig, CC

Zielwort	Transkript	PT	PM	RF
'Kläpperschlunge	' k l ɛ p ɐ ʃ l ʊ ŋ ə			
O'laktrocher	o ' l a k t r ɔ x ɐ			
Spockeli'tion	ʃ p o: k ə l i ' t͜s i̯ o: n			
'Plottenspeiler	' p l ɔ t n̩ ʃ p a͜i l ɐ			
Üpti'meißmich	y p t i ' m a͜i s m ɪ ç			
'Klankerschweißner	' k l a ŋ k ɐ ʃ v a͜i s n ɐ			
	Anzahl korrekter Items			

verwertbar

Wörter

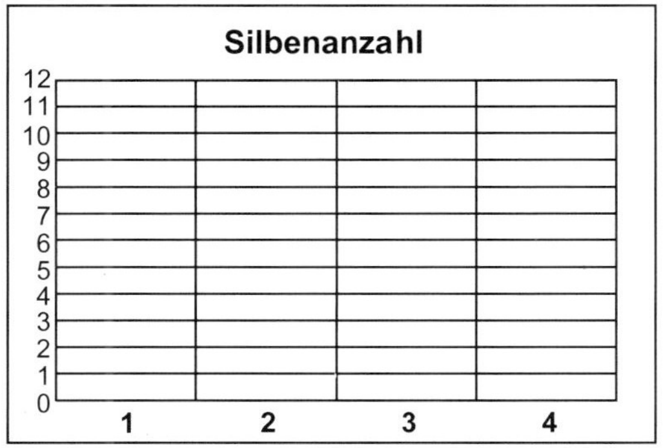

○ = phonematisch korrekt
● = phonetisch korrekt
△ = Redefluss korrekt

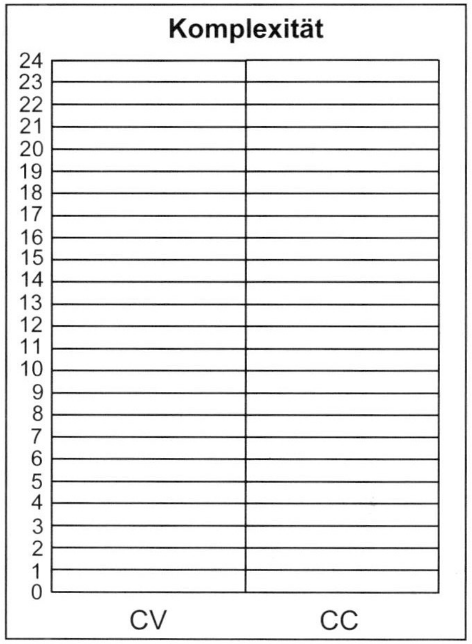

Pseudowörter

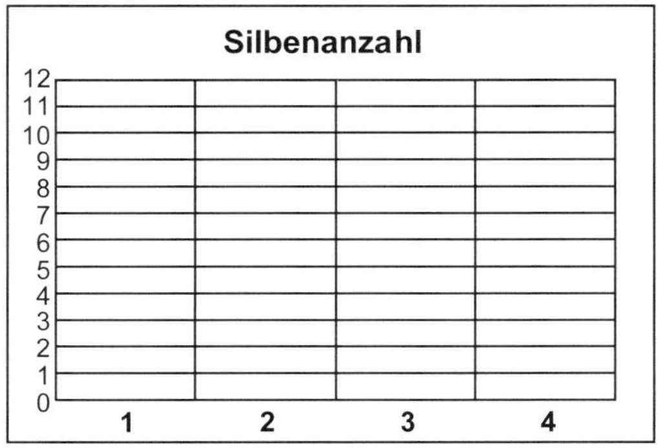

○ = phonematisch korrekt
● = phonetisch korrekt
△ = Redefluss korrekt

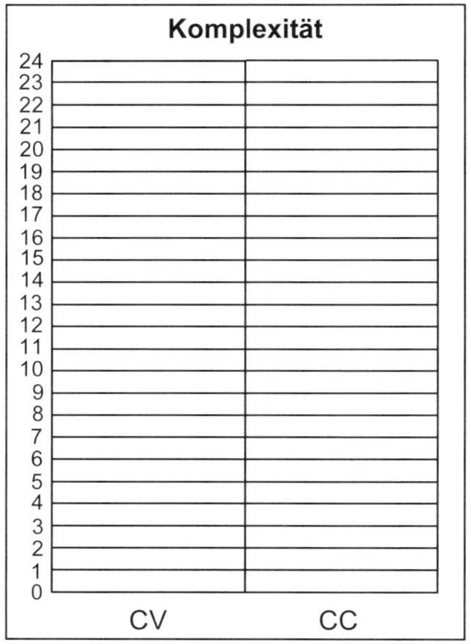

2. 10-Punkte-Checkliste

Patient(in): ____________________

Datum: ____________________

Untersucher(in): ____________________

10-Punkte-Checkliste	ja	nein
1. Es besteht ein Infarkt / eine Blutung der mittleren Hirnarterie links.		
2. Die Artikulation ist durch phonetische und phonematische Störungen gekennzeichnet.		
3. Die Lautentstellungen sind inkonstant und inkonsistent.		
4. Es treten „Inseln" störungsfreier Produktion auf.		
5. Es sind Suchbewegungen zu beobachten.		
6. Sprechstimme und -atmung sind vergleichsweise wenig oder nicht beeinträchtigt.		
7. Der Redefluss ist durch Fehlversuche, Iterationen, Selbstkorrekturen unterbrochen.		
8. Sprechanstrengung ist sicht- oder hörbar.		
9. Die Störung betrifft alle Modalitäten mündlicher Sprachproduktion in ähnlichem Ausmaß.		
10. Es besteht eine bukkofaziale Apraxie.		

3. Liste phonetischer Transkriptionszeichen

◌̥ stimmlos n̥	˞ rhotaziert ɚ	◌͈ fortisiert f͈
◌̬ stimmhaft s̬ t̬	ʷ labialisiert tʷ dʷ	◌͉ lenisiert p͉
ʰ aspiriert tʰ dʰ	ʲ palatalisiert tʲ dʲ	◌̩ silbisch m̩
◌̤ behaucht a̤	ˠ velarisiert tˠ dˠ	◌̈ zentralisiert ë
◌̰ laryngalisiert a̰	ˤ pharyngalisiert kˤ gˤ	◌̝ erhöht e̝
◌̼ linguolabial t̼ d̼	◌̃ nasaliert ẽ	◌̞ erniedrigt e̞
◌̪ dental t̪ d̪	◌͊ denasaliert n͊	◌̹ (übermäßig) gerundet a̹
◌̻ laminal t̻ d̻	◌͋ nasaler Durchschlag p͋	◌̜ weniger gerundet o̜
◌̟ vorverlagert u̟	̚ ungelöst t̚	◌͍ gespreizt y͍
◌̠ rückverlagert i̠		( ) unbestimmbarer Laut

Auszug aus dem Zeicheninventar des Internationalen Phonetischen Alphabets (IPA, 1999)

4. Schema zur Veranschaulichung von Längeneffekten

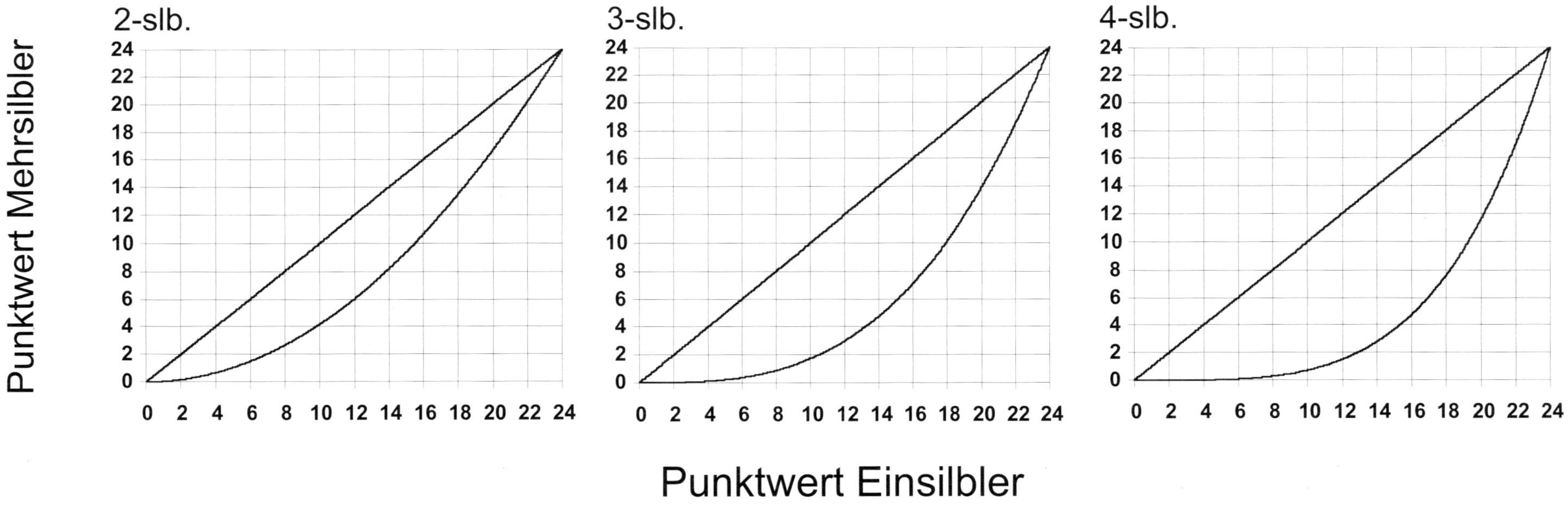